Goetz Martius

Schnellkurs Bilanzen

erstellen und verstehen

Kaufmännisches Grundwissen
für Neu- und Quereinsteiger

Goetz Martius

Schnellkurs Bilanzen erstellen und verstehen

Lexika Verlag®

Die Deutsche Bibliothek - CIP-Einheitsaufnahme

Martius, Goetz:
Schnellkurs Bilanzen erstellen und verstehen / Goetz Martius. - 1.
Aufl. - Würzburg : Lexika-Verl., Krick Fachmedien, 1999
(Kaufmännisches Grundwissen für Neu- und Quereinsteiger)
ISBN 3-89694-300-6

Lexika Verlag erscheint bei Krick Fachmedien GmbH + Co., Würzburg

Druck: Schleunungdruck, Marktheidenfeld
Printed in Germany
ISBN 3-89694-300-6

Vorwort

Jeder Kaufmann ist grundsätzlich verpflichtet, einmal im Jahr eine Bilanz aufzustellen. Zum einen dient dieses Instrument dazu, über die wirtschaftliche Lage seines Unternehmens Rechenschaft ablegen zu können. Zum anderen ist die (Handels)Bilanz auch Instrument der Gewinnermittlung und damit zugleich maßgeblich für die jährlichen Gewinnverwendungsbeschlüsse und für die Ermittlung von Besteuerungsgrundlagen.

Dieses Buch befaßt sich mit den Aufgaben und Inhalten der Bilanz als einem Instrument der Information und Rechenschaftslegung im allgemeinen und der Gewinnermittlung im besonderen. Es richtet sich an Praktiker wie Geschäftsführer und leitende Angestellte, die sich einen Überblick über die Grundlagen der Bilanzierung verschaffen wollen. Der Leser wird mit der Lektüre des Buches in den Stand versetzt, aktiv an der Aufstellung von Bilanzen mitzuwirken. Er entwickelt sich anhand dieses Buches zu einem kompetenten Gesprächspartner, der mit anderen Institutionen wie Banken, Steuerberatern, Wirtschaftsprüfern die Inhalte der Bilanz seines eigenen Unternehmens zu diskutieren in der Lage ist. Darüber hinaus gebe ich dem Leser Instrumente an die Hand, mit deren Hilfe er Bilanzen fremder Unternehmen lesen und verstehen kann.

Dem Leser werden zunächst die Grundzüge des formalen Aufbaus der Bilanz und ergänzend dazu der Gewinn- und Verlustrechnung dargelegt. Ein einfaches Beispiel verdeutlicht dann den formalen Zusammenhang zwischen Bilanz und Gewinn- und Verlustrechnung (GuV) als Bestandteile des Jahresabschlusses eines Kaufmanns. Anhand dieses Beispiels wird zugleich die Technik der Gewinnermittlung sowohl durch den Betriebsvermögensvergleich als auch durch die Gegenüberstellung von Aufwendungen und Erträgen dargestellt.

Anschließend werden die allgemeinen Grundsätze ordnungsmäßiger Buchführung und Bilanzierung erörtert, die jeder Kaufmann bei der Aufstellung der Bilanz zu beachten hat. Es folgen die Inhalte der einzelnen Positionen des handelsrechtlichen Gliederungsschemas von Bilanz und Gewinn- und Verlustrechnung sowie Aufbau und Inhalt von Anhang und Lagebericht.

Aufbauend auf den dargelegten Grundlagen der Bilanzierung werden anschließend zunächst die bilanzpolitischen Gestaltungsspielräume dargelegt, die dem Kaufmann bei der Aufstellung seiner Bilanz an die Hand gegeben werden. Gestaltungsspielräume, die der Bilanzierende innerhalb des vom Gesetzgeber gesteckten Rahmens gezielt nutzen kann, um den Informationen seiner Bilanz die gewünschte inhaltliche Tragweite zu geben.

Der abschließende Teil des Buches zeigt die Möglichkeiten und Grenzen der Bilanzanalyse. Anhand eines Fallbeispiels wird die Position eines externen Bilanzanalytikers eingenommen und der Jahresabschluß einer Gesellschaft mit Hilfe von Kennzahlen und anderer Analyseinstrumente ausgewertet.

Berlin, im September 1999, Dr. Goetz Martius

Inhaltsverzeichnis

Abkürzungsverzeichnis

AfA	Absetzung für Abnutzung
AG	Aktiengesellschaft
AK	Anschaffungskosten
AktG	Aktiengesetz
AO	Abgabenordnung
BGB	Bürgerliches Gesetzbuch
EDV	Elektronische Datenverarbeitung
EStG	Einkommensteuergesetz
Fifo	First in – first out
gem.	gemäß
GmbH	Gesellschaft mit beschränkter Haftung
GoB	Grundsätze ordnungsmäßiger Buchführung
GuV	Gewinn- und Verlustrechnung
HGB	Handelsgesetzbuch
HK	Herstellungskosten
KG	Kommanditgesellschaft
KGaA	Kommanditgesellschaft auf Aktien
Lifo	Last in – last out
ND	Nutzungsdauer
OHG	Offene Handelsgesellschaft
RBW	Restbuchwert
Verb.	Verbindlichkeiten

1. Einführung

1.1 Die Aufgaben der Bilanz

Ein Unternehmen steht mit seiner Umwelt in einer stetigen Verbindung, welche durch den regen Austausch von Güter- und Geldströmen gekennzeichnet ist. Diese Güter- und Geldbewegungen, welche in *Abb. 1* dargestellt sind, sind überlagert von einem regelmäßigen Informationsaustausch zwischen Unternehmen und Umwelt.

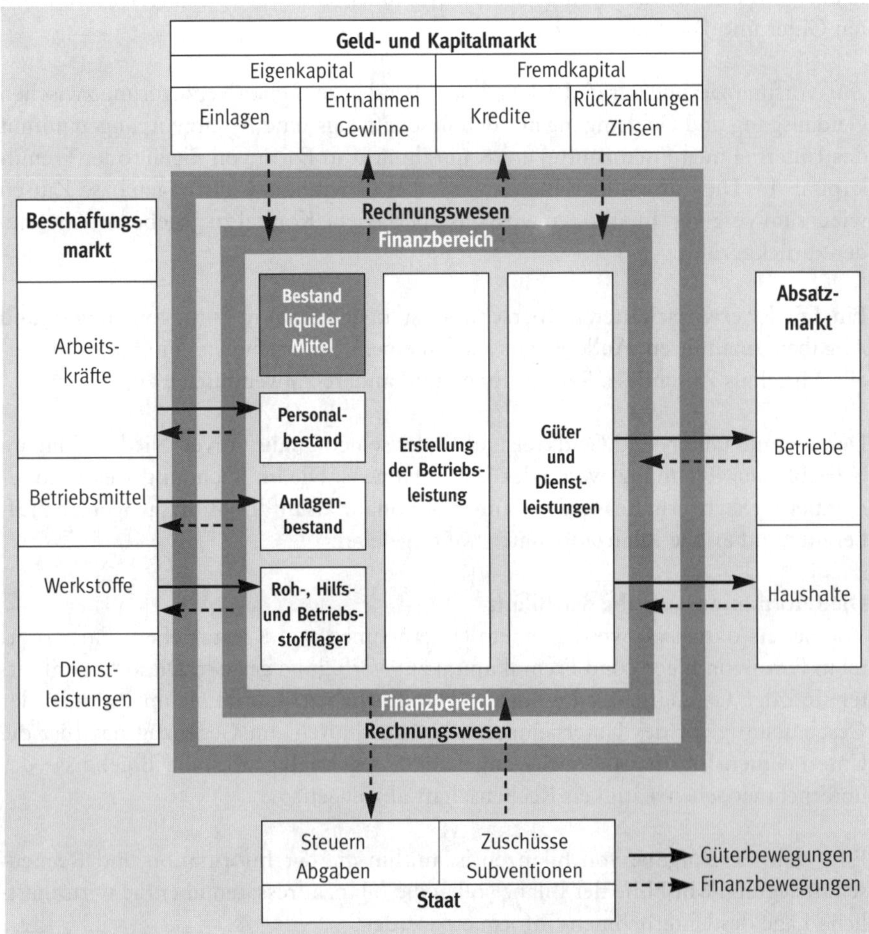

Abb. 1 Die Güter- und Geldbewegungen zwischen Unternehmen und Umwelt

Im Rahmen des **Güterkreislaufs** werden an den **Beschaffungsmärkten** Betriebsmittel, Werkstoffe, Dienstleistungen und Arbeitskräfte gewonnen. Diese **Produktionsfaktoren** werden im Rahmen der betrieblichen Leistungserstellung kombiniert, um die Güter und Dienstleistungen herzustellen bzw. zu erbringen, die wiederum an die **Absatzmärkte** abgegeben werden.

Dem Güterkreislauf steht ein entgegengesetzter **Geldkreislauf** gegenüber. Zur Vergütung der beschafften Produktionsfaktoren fließt Geld an die Beschaffungsmärkte ab. Vom Absatzmarkt erhält das Unternehmen Geld für die seinerseits verkauften Güter und Dienstleistungen.

Zur Vorfinanzierung der in der Regel bestehenden zeitlichen Verzögerung zwischen Geldausgang und Geldeingang aus den Beschaffungs- und Absatzvorgängen nimmt das Unternehmen Finanzmittel am **Kapitalmarkt** in Form von Eigen- oder Fremdkapital auf. Die Kapitalüberlassung wird über Gewinnausschüttungen bzw. Zinsen wiederum vergütet. Im übrigen wird das überlassene Kapital zu gegebener Zeit wieder zurückgezahlt.

Ein Teil der erwirtschafteten Überschüsse ist an den **Staat** in Form von Steuern und Abgaben abzuführen. Andererseits fließen einem Unternehmen vom Staat finanzielle Mittel als Zuschüsse, Subventionen und andere Zuwendungen zu.

Der gesamte Güter- und Geldkreislauf findet seinen quantitativen Niederschlag im **betrieblichen Rechnungswesen** des Unternehmens. Die im Rechnungswesen dokumentierten Sachverhalte werden dann in der Bilanz als Information sachgerecht aufbereitet und an die Bilanzadressaten weitergeleitet.

Die Informationsaufgabe der Bilanz

Wie bereits dargelegt, werden einem Unternehmen von Kapitalgebern Finanzmittel in Form von Eigen- und Fremdkapital zur Verfügung gestellt. Diese Kapitalmittel sind der Geschäftsführung an die Hand gegeben, um damit im Rahmen der Geschäftstätigkeit des Unternehmens zu wirtschaften. Im Gegenzug dazu ist die Unternehmensführung ihrerseits angehalten, regelmäßig über die Ergebnisse der unternehmerischen Tätigkeit Rechenschaft abzulegen.

Eine zentrale Aufgabe von Bilanzen ist mithin die der **Information** und **Rechenschaftslegung.** Mit Hilfe der Bilanz sollen die Bilanzadressaten über die wirtschaftliche Lage des Unternehmens informiert werden.

Die **Bilanzadressaten** sind zunächst die Kapitalgeber, d.h. die Anteilseigner (Aktionäre, Gesellschafter) sowie die Fremdkapitalgeber wie Kreditinstitute, Lieferanten und andere Gläubiger. Darüber hinaus haben auch die Arbeitnehmer als am unternehmerischen Geschehen unmittelbar beteiligter Personenkreis einen berechtigten Anspruch auf Information über die wirtschaftliche Lage des Unternehmens.

Über diese Bilanzadressaten im engeren Sinne hinaus zählen zu einem weitergehenden interessierten Personenkreis Kunden und Konkurrenzunternehmen ebenso wie die allgemeine Öffentlichkeit.

Die Aufgabe der Gewinnermittlung

Neben der allgemeinen Informationsfunktion hat die Bilanz die konkrete Aufgabe, den **Gewinn,** den das Unternehmen während einer Abrechnungsperiode (in der Regel das Geschäftsjahr) erwirtschaftet hat, zu ermitteln. An den in der Handelsbilanz ermittelten Gewinn sind bestimmte **Rechtsfolgen** geknüpft. Er ist die gesellschaftsrechtliche Grundlage der jährlichen **Gewinnverwendungsbeschlüsse** der Anteilseigner. Aufgrund ihrer Maßgeblichkeit für die Steuerbilanz ist die Handelsbilanz zugleich mitbestimmend für die Ermittlung der **Bemessungsgrundlagen** sowohl für die Ertragsteuern als auch die Substanzsteuern.

Wenn im kaufmännischen Sprachgebrauch davon gesprochen wird, die Bilanz zu erstellen, so ist darin in der Regel zugleich die Erstellung der Gewinn- und Verlustrechnung (GuV) mit einbezogen. Begrifflich bilden Bilanz und Gewinn- und Verlustrechnung den **Jahresabschluß.** Kapitalgesellschaften haben darüber hinaus den Jahresabschluß um einen erläuternden Anhang zu erweitern.

1.2 Der Formalaufbau von Bilanz und Gewinn- und Verlustrechnung

In diesem Kapitel wollen wir den Formalaufbau von Bilanz und Gewinn- und Verlustrechnung zunächst in seinen Grundzügen darstellen. Eine ausführliche Erörterung der Inhalte der einzelnen Posten von Bilanz und GuV folgt im 3. Kapitel.

Die Bilanz

In der Bilanz im engeren Sinne erfolgt eine Gegenüberstellung von Vermögen und Kapital des Unternehmens. Die Bilanz ist eine **Beständerechnung,** die die Werte des vorhandenen Vermögens und des dem Unternehmen überlassenen Kapitals am jeweiligen **Aufstellungsstichtag** wiedergibt (*Abb. 2*).

Aktiva	Bilanz zum 31.12.19.. Passiva
Anlagevermögen (AV)	**Eigenkapital (Reinvermögen)**
Immaterielle Anlagen	gezeichnetes Kapital
Sachanlagen	Rücklagen
Finanzanlagen	Gewinn (Verlust)
Umlaufvermögen (UV)	**Fremdkapital**
Vorräte	Rückstellungen
Forderungen	Verbindlichkeiten
Zahlungsmittel	
Rechnungsabgrenzungsposten	Rechnungsabgrenzungsposten

Abb. 2 Formalaufbau der Bilanz

Das auf der **Aktivseite** bilanzierte Vermögen umfaßt sämtliche betrieblich genutzten Vermögensgegenstände, soweit diese sich im wirtschaftlichen Eigentum des Kaufmanns befinden. Hierzu zählen neben den körperlichen Gegenständen wie Gebäuden, Maschinen und Vorräten auch immaterielle Vermögensgegenstände wie Lizenzen sowie die Forderungen und Geldbestände des Kaufmanns.

Innerhalb des Vermögens wird das Anlagevermögen vom Umlaufvermögen unterschieden. Das Anlagevermögen dient grundsätzlich einer längerfristigen Nutzung im Unternehmen. Das Umlaufvermögen hingegen ist zum kurzfristigen Verbrauch oder Verkauf bestimmt.

Das auf der **Passivseite** ausgewiesene Kapital ist dem Unternehmen zur Finanzierung des Aktivvermögens überlassen worden. Es umfaßt das **Eigenkapital** der Anteilseigner sowie die Schulden des Unternehmens (**Fremdkapital**) und kann grundsätzlich Ansprüchen der Umwelt an das Unternehmen gleichgesetzt werden.

Saldieren wir das Vermögen der Aktivseite mit den Schulden der Passivseite, erhalten wir das **Reinvermögen**, welches wiederum dem Eigenkapital entspricht.

Die Gewinn- und Verlustrechnung (GuV)
In der GuV erfolgt eine Gegenüberstellung von Aufwendungen und Erträgen einer Periode. Im Gegensatz zur Bestandsrechnung der Bilanz handelt es sich hierbei um eine **Zeitraumrechnung**, in der die positiven und negativen **Erfolgsbeiträge** in Form

von Aufwendungen und Erträgen dargelegt und deren Saldo als Gesamterfolg einer **Abrechnungsperiode** ermittelt wird *(Abb. 3)*.

Gewinn- und Verlustrechnung für die Zeit vom 01.01.–31.12.19..

Erträge
Umsatzerlöse
Zinserträge
sonstige Erträge

– Aufwendungen
Materialaufwendungen
Personalaufwendungen
Zinsaufwendungen
sonstige Aufwendungen

= Gewinn oder Verlust

Abb. 3 Formalaufbau der GuV

Zwischen Bilanz und Gewinn- und Verlustrechnung besteht ein eindeutiger **formaler Zusammenhang.** Die Veränderung der Bestände von Vermögen und Kapital von einem Bilanzstichtag zum anderen führen zugleich zu einer Veränderung des Reinvermögens als der Differenz von Vermögen und Schulden. Eine Mehrung des Reinvermögens entspricht grundsätzlich einem Gewinn. Hat sich das Reinvermögen verringert, verzeichnet das Unternehmen einen Verlust. In der GuV werden die Ursachen bzw. Quellen des Erfolges (Gewinn bzw. Verlust) in Form von Aufwendungen und Erträgen differenziert aufbereitet.

Nachfolgend werden anhand eines einfachen Beispiels der formale Zusammenhang zwischen Bilanz und Gewinn- und Verlustrechnung sowie die technischen Grundlagen der **Gewinnermittlung** mit Hilfe dieser Instrumente dargestellt. Dabei werden wir darlegen, daß der formale Zusammenhang zwischen Bilanz und GuV die Ermittlung des Gewinns in **zweifacher Weise** ermöglicht:

1. durch den Betriebsvermögensvergleich sowie
2. durch die Gegenüberstellung von Aufwendungen und Erträgen.

1. Gewinnermittlung durch Betriebsvermögensvergleich

Gewinnermittlung durch Betriebsvermögensvergleich

Paul Ommes beabsichtigt, einen Kartoffelhandel aufzubauen. Er verfügt über ein Startkapital von 30.000 DM. Im ersten Geschäftsjahr erwirbt er eine Ladenausstattung im Wert von 20.000 DM; die Nutzungsdauer beträgt 5 Jahre.

Die monatlichen Fixkosten (Miete, Strom, etc.) betragen 2.000 DM.

Im ersten Jahr kauft P. Ommes 25.000 kg Kartoffeln à 3 DM. Am Ende des ersten Jahres sind hiervon 24.000 kg zu einem Preis von 6 DM verkauft worden; zum Ende des Jahres 01 sind mithin noch 1.000 kg Kartoffeln im Bestand.

Im **Handelsgesetzbuch** ist zu lesen, daß jeder Kaufmann zu Beginn seines Handelsgewerbes sein Vermögen und seine Schulden zu inventarisieren und eine **Eröffnungsbilanz** aufzustellen hat *(§ 242 HGB)*.

Diesen Vorschriften folgend ist festzustellen, daß das Inventar von P. Ommes zu Beginn seines Handelsgewerbes allein aus seinem baren Geld in Höhe von 30.000 DM besteht. Die Eröffnungsbilanz sieht demnach wie folgt aus:

Aktiva			**Passiva**
Umlaufvermögen			
Bankguthaben	30.000 DM	Eigenkapital	30.000 DM

Nunmehr soll zum Ende des Geschäftsjahres 01 das Inventar erneut zusammengestellt und bewertet sowie die Bilanz aufgestellt werden.

Das **Inventar** zum 31.12.01 setzt sich wie folgt zusammen:

Ladeneinrichtung:		
01.01.	20.000 DM	
Abschreibungen	– 4.000 DM	
		16.000 DM

Bankguthaben:

01.01.	30.000 DM	
Kauf Ladeneinrichtung	– 20.000 DM	
Wareneinkauf	– 75.000 DM	
Sonstige Aufwendungen (Miete, Strom)	– 24.000 DM	
Warenverkauf	144.000 DM	
Stand 31.12.01		55.000 DM

Vorräte:

1000 kg à 3 DM	3.000 DM
Gesamtvermögen 31.12.01:	74.000 DM

Die **Bilanz** zum 31.12.01 läßt sich wie folgt darstellen:

Aktiva			**Passiva**
Anlagevermögen (AV)		**Eigenkapital**	
Ladeneinrichtung	16.000 DM	Vortrag 01.01.	30.000 DM
Umlaufvermögen (UV)			
Vorräte	3.000 DM		
Bankguthaben	55.000 DM	***Gewinn***	***44.000 DM***
		Stand 31.12.01	74.000 DM
Bilanzsumme	74.000 DM	Bilanzsumme	74.000 DM

Das Vermögen von P. Ommes beträgt zum Schluß des ersten Jahres 74.000 DM. P. Ommes hat keine Schulden zu verzeichnen. Damit beträgt auch sein Reinvermögen, d.h. sein Eigenkapital am Schluß des ersten Jahres 74.000 DM.

Zu Beginn des Geschäftsjahres verfügte P. Ommes über ein Eigenkapital von 30.000 DM. Sein Eigenkapital hat sich mithin um 44.000 DM vermehrt. Diese **Vermögensmehrung** entspricht dem **Gewinn** des ersten Geschäftsjahres.

Der Gewinn ist allein durch Vergleich des Wertes des Reinvermögens zu Beginn des Geschäftsjahres mit dem Wert zum Ende des Geschäftsjahres, d.h. durch **Betriebsvermögensvergleich** ermittelt worden. Diese Form der Gewinnermittlung wird im

Einkommensteuergesetz ausdrücklich vorgeschrieben. In § 4 Abs. 1 EStG wird der Gewinn definiert als *„der Unterschiedsbetrag zwischen dem Betriebsvermögen am Schluß des Wirtschaftsjahres und dem Betriebsvermögen am Schluß des vorangegangenen Wirtschaftsjahres, vermehrt um den Wert der Entnahmen und vermindert um den Wert der Einlagen"*.

Bei der zuvor geschilderten Gewinnermittlung durch Betriebsvermögensvergleich ist die GuV nicht hinzugezogen worden. Wir können an dieser Stelle bereits festhalten, daß für die Gewinnermittlung die GuV technisch nicht erforderlich ist. Der reine Bestandsvergleich ist formal ausreichend. Auch die nachfolgenden Abwandlungen des Beispiels sollen dies nochmals verdeutlichen.

Abwandlung 1:

In einer ersten Abwandlung des Beispiels soll angenommen werden, daß P. Ommes während des Jahres 01 zum Bestreiten seines Lebensunterhaltes monatlich 3.000 DM aus dem Unternehmen entnommen hat. Das Bankguthaben beträgt damit zum Ende des Jahres 01 (55.000 DM – 36.000 DM =) 19.000 DM. Das Vermögen ist mithin zum Schluß des Jahres 01 um die Höhe der Entnahmen von 36.000 DM verringert worden. Bei der Ermittlung des Gewinns ist der Unterschiedsbetrag um den Wert der Entnahmen wieder zu vermehren:

Reinvermögen	
01.01.	30.000 DM
31.12.	38.000 DM
Unterschiedsbetrag	8.000 DM
Entnahmen 01	36.000 DM
Gewinn	44.000 DM

Die **Bilanz** zum 31.12.01 sieht in diesem Fall wie folgt aus:

Aktiva			**Passiva**
AV		**Eigenkapital**	
Ladeneinrichtung	16.000 DM	Vortrag 01.01.	30.000 DM
UV			
Vorräte	3.000 DM	Entnahmen	– 36.000 DM
Bankguthaben	19.000 DM	Gewinn	44.000 DM
		Stand 31.12.01	38.000 DM
Bilanzsumme	38.000 DM	Bilanzsumme	38.000 DM

Abwandlung 2:

In einer weiteren Abwandlung des Beispiels soll angenommen werden, daß P. Ommes zum Schluß des Jahres 01 die letzte Lieferung von 1.500 kg Kartoffeln noch nicht bezahlt hat. Dementsprechend ist das Bankguthaben um (1.500 kg × 3 DM pro kg =) 4.500 DM höher als im vorhergehenden Beispiel. Das Aktivvermögen beträgt damit 42.500 DM. Andererseits hat P. Ommes zum Schluß des Jahres 01 Lieferantenschulden in Höhe von 4.500 DM.

Aktiva			**Passiva**
AV		**Eigenkapital**	
Ladeneinrichtung	16.000 DM	Vortrag 01.01.	30.000 DM
UV			
Vorräte	3.000 DM	Entnahmen	– 36.000 DM
Bankguthaben	23.500 DM	Gewinn	44.000 DM
		Stand 31.12.01	38.000 DM
		Lieferantenschulden	4.500 DM
Bilanzsumme	42.500 DM	Bilanzsumme	42.500 DM

Das Reinvermögen entspricht dem Saldo aus Aktivvermögen und Schulden. Durch den Kauf der Ware auf Ziel hat sich der Wert des Reinvermögens zum Schluß des Geschäftsjahres nicht verändert.

Abwandlung 3:

In einer erneuten Abwandlung des Beispiels nehmen wir an, daß P. Ommes im Dezember 01 ein Darlehen aufgenommen hat, um im Januar eine EDV-Anlage zu erwerben. Die Darlehensaufnahme führt einerseits zu einem Zugang an Bankguthaben (Erhöhung der Aktiva). Andererseits ist das Darlehen als Schuldposten zu berücksichtigen. Die Bilanz zum 31.12.01 hat dann folgendes Bild:

→

Aktiva			**Passiva**
AV		**Eigenkapital**	
Ladeneinrichtung	16.000 DM	Vortrag 01.01.	30.000 DM
UV			
Vorräte	3.000 DM	Entnahmen	– 36.000 DM
Bankguthaben	43.500 DM	Gewinn	44.000 DM
		Stand 31.12.01	38.000 DM
		Fremdkapital	
		Bankverbindlichkeiten	20.000 DM
		Lieferantenschulden	4.500 DM
Bilanzsumme	62.500 DM	Bilanzsumme	62.500 DM

Da sich sowohl das Vermögen als auch die Schulden um den gleichen Betrag erhöht haben, bleibt das Reinvermögen als Differenz von Vermögen und Schulden unverändert. Eine Darlehensaufnahme ist damit erfolgsneutral.

Auch die Anschaffung der EDV-Anlage im neuen Jahr wirkt sich zunächst nicht auf den Erfolg des Unternehmens aus. Dem Abgang des Bankbestandes steht ein Zugang im Anlagevermögen in gleicher Höhe gegenüber. Das Aktivvermögen hat sich damit nur in seiner Zusammensetzung, jedoch nicht in seinem Wert verändert. Erst durch die künftigen Abschreibungen wirkt sich dieser Vorgang vermögensmindernd und damit auf den Erfolg des Unternehmens aus.

2. Gewinnermittlung durch Gegenüberstellung von Aufwendungen und Erträgen

Die bisherigen Ausführungen sollten verdeutlichen, daß es formal möglich ist, den Gewinn zu ermitteln, ohne die Gewinn- und Verlustrechnung hinzuzuziehen.

Allerdings ist der Informationsgehalt allein einer Bilanz offensichtlich begrenzt. Um der Aufgabe der Rechnungslegung, die Bilanzadressaten angemessen über das wirtschaftliche Gebaren des Unternehmens zu informieren, Genüge zu tun, verpflichtet der Gesetzgeber den Kaufmann *„für den Schluß eines jeden Geschäftsjahres eine Gegenüberstellung der Aufwendungen und Erträge des Geschäftsjahres (**Gewinn- und Verlustrechnung**) aufzustellen“ (§ 242 Abs. 2 HGB).*

In unserem Beispiel läßt sich die **Gewinn- und Verlustrechnung** wie folgt darstellen:

Gewinn- und Verlustrechnung 01.01.–31.12.01

Umsatzerlöse	144.000 DM
Aufwendungen für bezogene Waren	– 72.000 DM
Rohertrag	69.000 DM
Abschreibungen	– 4.000 DM
Sonstige Aufwendungen	– 24.000 DM
Gewinn	44.000 DM

Die Aufwendungen für bezogene Waren (72.000 DM) entsprechen dem Wareneinkauf (75.000 DM) abzüglich des Wertes des Warenbestandes zum Jahresende (3.000 DM).

Das System der doppelten Buchführung

Anhand des zuvor in seinen Abwandlungen entwickelten Beispiels haben wir dargelegt, daß aufgrund des formalen Zusammenhangs zwischen Bilanz und Gewinn- und Verlustrechnung die Ermittlung des Periodenerfolgs sowohl durch den Betriebsvermögensvergleich als auch durch die Gegenüberstellung von Aufwendungen und Erträgen möglich ist. Dies ergibt sich nicht zuletzt aus dem System der Finanzbuchhaltung in Form der **doppelten Buchführung,** aus der die Bilanz und die Gewinn- und Verlustrechnung entwickelt werden.

Dabei bedient sich die Finanzbuchhaltung des technischen Hilfsmittels von **Konten,** auf denen sämtliche Geschäftsvorfälle erfaßt werden. Hierbei werden Bestandskonten und Erfolgskonten unterschieden *(Abb. 4).*

BESTANDSKONTEN

Soll	Aktivkonto (z.B. Forderungen) Haben
Anfangsbestand + Zugänge	Abgänge
Saldo	

Soll	Passivkonto (z.B. Lieferantenschulden) Haben
Abgänge	Anfangsbestand + Zugänge
	Saldo

→

ERFOLGSKONTEN

Soll	Aufwandskonto (z.B. Personalaufwand) Haben	Soll	Ertragskonto (z.B. Umsatzerlöse) Haben
Aufwand			Ertrag

Abb. 4 Bestands- und Erfolgskonten

Auf den **Bestandskonten** werden die Vermögens- und Schuldposten sowie das Eigenkapital erfaßt. Die Salden der Bestandskonten werden in die Bilanz übernommen.

Auf der Vermögensseite werden Bestand und Zugänge im Soll, Abgänge im Haben erfaßt. Auf der Passivseite werden umgekehrt Bestand und Zugänge im Haben sowie Abgänge im Soll verbucht.

Die Salden der **Erfolgskonten** fließen in die Gewinn- und Verlustrechnung ein. Aufwendungen werden im Soll und Erträge im Haben erfaßt.

Anhand unseres Beispiels wird deutlich, daß sämtliche Geschäftsvorfälle durch insgesamt vier typisierende Buchungen erfaßt werden können: Der Aktivtausch, der Passivtausch, die Bilanzverlängerung und die Bilanzkürzung.

Zu deren Darstellung gehen wir von folgender Eröffnungsbilanz aus:

Aktiva			Passiva
Anlagevermögen	20.000 DM	**Eigenkapital**	50.000 DM
		Rückstellungen	13.000 DM
Umlaufvermögen		**Fremdkapital**	
Vorräte	3.000 DM	Bankverb.	5.000 DM
Forderungen	5.000 DM	Lieferantenverb.	4.500 DM
Bankguthaben	55.000 DM	Wechselverb.	5.000 DM
		sonst. Verb.	5.500 DM
Bilanzsumme	83.000 DM	Bilanzsumme	83.000 DM

Abb. 5 Eröffnungsbilanz

- Der **Aktivtausch** führt zu einer Veränderung der Zusammensetzung des Aktivvermögens.
  Beispiel: Kauf der Ladeneinrichtung i.H.v. 20.000 DM durch Banküberweisung; d.h. Zugang im Anlagevermögen und Verminderung des Bankguthabens:

Aktiva			Passiva
Anlagevermögen	**40.000 DM**	**Eigenkapital**	50.000 DM
		Rückstellungen	13.000 DM
Umlaufvermögen		**Fremdkapital**	
Vorräte	3.000 DM	Bankverb.	5.000 DM
Forderungen	5.000 DM	Lieferantenverb.	4.500 DM
Bankguthaben	**35.000 DM**	Wechselverb.	5.000 DM
		sonst. Verb.	5.500 DM
Bilanzsumme	83.000 DM	Bilanzsumme	83.000 DM

Abb. 6 Aktivtausch

- Der **Passivtausch** führt zu einer Veränderung der Passivseite.
  Beispiel: Umwandlung eines Lieferantenkredits in einen Wechselkredit i.H.v. 3.000 DM:

Aktiva			Passiva
Anlagevermögen	20.000 DM	**Eigenkapital**	50.000 DM
		Rückstellungen	13.000 DM
Umlaufvermögen		**Fremdkapital**	
Vorräte	3.000 DM	Bankverb.	5.000 DM
Forderungen	5.000 DM	Lieferantenverb.	**1.500 DM**
Bankguthaben	55.000 DM	Wechselverb.	**8.000 DM**
		sonst. Verb.	5.500 DM
Bilanzsumme	83.000 DM	Bilanzsumme	83.000 DM

Abb. 7 Passivtausch

- Im Falle einer **Bilanzverlängerung** vermehren sich Aktiv- und Passivseite in gleicher Höhe.
  Beispiel: Aufnahme eines Bankdarlehens i.H.v. 10.000 DM:

Aktiva			Passiva
Anlagevermögen	20.000 DM	**Eigenkapital**	50.000 DM
		Rückstellungen	13.000 DM
Umlaufvermögen		**Fremdkapital**	
Vorräte	3.000 DM	Bankverb.	**15.000 DM**
Forderungen	5.000 DM	Lieferantenverb.	4.500 DM
Bankguthaben	**65.000 DM**	Wechselverb.	5.000 DM
		sonst. Verb.	5.500 DM
Bilanzsumme	93.000 DM	Bilanzsumme	93.000 DM

Abb. 8 Bilanzverlängerung

- Im Falle der **Bilanzverkürzung** vermindern sich Aktiva und Passiva gleichermaßen.
  Beispiel: Bezahlung einer Lieferantenverbindlichkeit i.H.v. 3.000 DM:

Aktiva			Passiva
Anlagevermögen	20.000 DM	**Eigenkapital**	50.000 DM
		Rückstellungen	13.000 DM
Umlaufvermögen		**Fremdkapital**	
Vorräte	3.000 DM	Bankverb.	5.000 DM
Forderungen	5.000 DM	Lieferantenverb.	**1.500 DM**
Bankguthaben	**52.000 DM**	Wechselverb.	5.000 DM
		sonst. Verb.	5.500 DM
Bilanzsumme	80.000 DM	Bilanzsumme	80.000 DM

Abb. 9 Bilanzverkürzung

Sofern durch einen Buchungssatz nur Bestandskonten angesprochen werden und damit ausschließlich die Bilanz berührt wird, hat der Geschäftsvorfall keine Auswirkung auf den Gewinn und ist damit **erfolgsneutral**, (z.B. Kauf der Ladeneinrichtung, Darlehensaufnahme). Werden sowohl ein Bestandskonto als auch ein Erfolgskonto angesprochen, berührt der Vorgang sowohl die Bilanz als auch die

GuV. Die Buchung ist damit **erfolgswirksam** (z.B. Abschreibungen, Warenverkauf). Auch die erfolgswirksamen Geschäftsvorfälle sind durch die vorgenannten typisierenden Buchungen erfaßt. Aufwendungen vermindern das Eigenkapital. Erträge erhöhen das Eigenkapital.

Aufgrund des formalen Zusammenhangs zwischen Bilanz und Gewinn- und Verlustrechnung steht den in der GuV ausgewiesenen Aufwendungen und Erträgen mithin immer eine entsprechende Veränderung einer Vermögens- oder Schuldposition in der Bilanz gegenüber.

Erträge sind verbunden mit

- einer **Aktivmehrung** (z.B. Verkauf einer Dienstleistung mit einer entsprechenden Erhöhung der Kundenforderungen i.H.v. 3.000 DM) *(vgl. Abb. 10)* oder
- einer **Passivminderung** (z.B. Auflösung von Rückstellungen i.H.v. 1.000 DM) *(vgl. Abb. 11).*

Aufwendungen sind verbunden mit

- einer **Aktivminderung** (z.B. Abschreibungen des Anlagevermögens i.H.v. 4.500 DM) *(vgl. Abb. 12)* oder
- einer **Passivmehrung** (z.B. Zuführung zu den Rückstellungen i.H.v. 1.500 DM) *(vgl. Abb. 13).*

Aktiva			**Passiva**
Anlagevermögen	20.000 DM	**Eigenkapital**	**53.000 DM**
		Rückstellungen	13.000 DM
Umlaufvermögen		**Fremdkapital**	
Vorräte	3.000 DM	Bankverb.	5.000 DM
Forderungen	**8.000 DM**	Lieferantenverb.	4.500 DM
Bankguthaben	55.000 DM	Wechselverb.	5.000 DM
		sonst. Verb.	5.500 DM
Bilanzsumme	86.000 DM	Bilanzsumme	86.000 DM

Abb. 10 Ertrag aus Aktivmehrung

Aktiva			Passiva
Anlagevermögen	20.000 DM	**Eigenkapital**	**51.000 DM**
		Rückstellungen	**12.000 DM**
Umlaufvermögen		**Fremdkapital**	
Vorräte	3.000 DM	Bankverb.	5.000 DM
Forderungen	5.000 DM	Lieferantenverb.	4.500 DM
Bankguthaben	55.000 DM	Wechselverb.	5.000 DM
		sonst. Verb.	5.500 DM
Bilanzsumme	83.000 DM	Bilanzsumme	83.000 DM

Abb. 11 Ertrag aus Passivminderung

Aktiva			Passiva
Anlagevermögen	**15.500 DM**	**Eigenkapital**	**45.500 DM**
		Rückstellungen	13.000 DM
Umlaufvermögen		**Fremdkapital**	
Vorräte	3.000 DM	Bankverb.	5.000 DM
Forderungen	5.000 DM	Lieferantenverb.	4.500 DM
Bankguthaben	55.000 DM	Wechselverb.	5.000 DM
		sonst. Verb.	5.500 DM
Bilanzsumme	78.500 DM	Bilanzsumme	78.500 DM

Abb. 12 Aufwand aus Aktivminderung

Aktiva			Passiva
Anlagevermögen	20.000 DM	**Eigenkapital**	**48.500 DM**
		Rückstellungen	**14.500 DM**
Umlaufvermögen		**Fremdkapital**	
Vorräte	3.000 DM	Bankverb.	5.000 DM
Forderungen	5.000 DM	Lieferantenverb.	4.500 DM
Bankguthaben	55.000 DM	Wechselverb.	5.000 DM
		sonst. Verb.	5.500 DM
Bilanzsumme	83.000 DM	Bilanzsumme	83.000 DM

Abb. 13 Aufwand aus Passivmehrung

2 Die Grundsätze ordnungsmäßiger Buchführung und Bilanzierung

Vor dem Hintergrund der Aufgaben des Jahresabschlusses, über die wirtschaftliche Lage des Unternehmens zu informieren und Rechenschaft abzulegen, ist es erforderlich, daß die Informationsinhalte nach allgemein anerkannten und von allen einheitlich verfolgten Grundsätzen ermittelt und aufbereitet werden. Durch die Vorgabe einheitlicher Regeln, nach denen die Bücher eines Unternehmens zu führen sind und der Jahresabschluß aufzustellen ist, wird sichergestellt, daß die Informationen des Jahresabschlusses nach Maßgabe dieser Regeln zuverlässig vermittelt werden. In Kenntnis dieser Grundsätze ordnungsmäßiger Buchführung und Bilanzierung weiß der Bilanzleser wiederum um den Umfang aber auch die Grenzen des Informationsgehaltes eines Jahresabschlusses.

Die allgemein als **Grundsätze ordnungsmäßiger Buchführung und Bilanzierung (GoB)** bezeichneten Regeln sind über die Jahre aus der kaufmännischen Übung, der Rechtsprechung, der Gesetzgebung sowie der wirtschaftswissenschaftlichen Diskussion entwickelt worden. In Hinblick auf die Kapitalgeber als dem vornehmlichen Personenkreis, an den die Informationen des Jahresabschlusses adressiert sind, dienen die GoB vor allem den schutzwürdigen Interessen von Aktionären und Gläubigern. Die GoB sind zu einem wesentlichen Teil in den §§ 238 ff. HGB gesetzlich geregelt. Ergänzende Vorschriften enthalten die Gesetze zu den einzelnen Rechtsformen (GmbH-Gesetz, Aktiengesetz, Genossenschaftsgesetz) und Branchen (z.B. Verordnungen über die Rechnungslegung von Kreditinstituten und von Versicherungsunternehmen). Im übrigen sind aus der kaufmännischen Übung und über die Rechtsprechung Regeln entwickelt worden, die nicht ausdrücklich in die gesetzlichen Regelungen Eingang gefunden haben. Diese werden über die übergeordnete Norm des § 243 HGB erfaßt, nach der „der Jahresabschluß nach den Grundsätzen ordnungsmäßiger Buchführung aufzustellen“ ist.

Wegen der Bedeutung der Einhaltung der Grundsätze ordnungsmäßiger Buchführung hat der Gesetzgeber die Prüfung des Jahresabschlusses von Kapitalgesellschaften durch einen unabhängigen Abschlußprüfer vorgesehen. Die **Abschlußprüfung** ist eine Gesetzmäßigkeits- und Ordnungsmäßigkeitsprüfung.

Wir unterscheiden allgemeine Grundsätze der Ordnungsmäßigkeit sowie besondere Bilanzierungs- und Bewertungsgrundsätze, die für Ansatz und Bewertung von Aktiva und Passiva maßgeblich sind.

2.1 Die allgemeinen Grundsätze der Ordnungsmäßigkeit

1. Um ihre Informationsaufgabe zu erfüllen, müssen sowohl Buchführung als auch Jahresabschluß klar und übersichtlich aufgebaut sein (§ 243 Abs. 2 HGB). Der **Grundsatz der Klarheit und Übersichtlichkeit** erfordert die Nachprüfbarkeit des Zahlenmaterials, die hinreichende inhaltliche Aufgliederung der einzelnen Posten von Bilanz und Gewinn- und Verlustrechnung sowie die kontinuierliche Anwendung des einmal gewählten Gliederungsaufbaus.

Zahlenmaterial ist dann **nachprüfbar**, wenn eine Buchführung derart übersichtlich aufgebaut ist, daß sich ein sachverständiger Dritter in angemessener Zeit Einblick in die Aufzeichnungen verschaffen kann. Eintragungen sind **zeitnah, vollständig, richtig** und in einer **lebenden Sprache** vorzunehmen. **Keine Buchung** darf **ohne Beleg** erfaßt werden. Nachträgliche Änderungen dürfen nur durchgeführt werden, wenn diese als solche erkennbar bleiben und damit nachvollzogen werden können. Im übrigen erfordert eine übersichtlich aufgebaute Buchführung die Verwendung eines Kontenplans, in dem die Sachkonten zur Erfassung von Aktiva und Passiva sowie von Aufwendungen und Erträgen hinreichend aufgegliedert sind.

Vor dem Hintergrund der Nachprüfbarkeit sind auch die Fristen zur **Aufbewahrung** der Buchführungs- und Jahresabschlußunterlagen zu sehen. Handelsbücher, Inventare und Jahresabschlüsse sind zehn Jahre, Handelsbriefe und Buchungsbelege sechs Jahre aufzubewahren *(§ 257 HGB, § 147 AO)*.

Für die Bilanz und die Gewinn- und Verlustrechnung als Bestandteile des Jahresabschlusses bedeuten Klarheit und Übersichtlichkeit eine hinreichende inhaltliche Aufgliederung der einzelnen Posten.

- Einzelkaufleute und Personengesellschaften, die nicht dem Publizitätsgesetz unterworfen sind, haben diesbezüglich eine größere Gestaltungsfreiheit. Für diesen Kreis der Kaufleute wird lediglich in § 247 HGB gefordert, in der Bilanz das Anlage- und das Umlaufvermögen, das Eigenkapital, die Schulden sowie die Rechnungsabgrenzungsposten gesondert auszuweisen und hinreichend aufzugliedern.
- Kapitalgesellschaften und Genossenschaften sowie Personengesellschaften, die wegen ihrer Größe nach Maßgabe des Publizitätsgesetzes ebenfalls strengeren Vorschriften unterworfen sind, müssen sich an ein detailliertes Gliederungsschema sowohl für die Bilanz als auch für die Gewinn- und Verlustrechnung halten *(§§ 266, 275 HGB)*. Der Aufbau dieser Schemata wird im dritten Kapitel ausführlich erörtert.

2. Nach dem **Grundsatz der Bilanzkontinuität** soll ein einmal gewählter Gliederungsaufbau kontinuierlich beibehalten werden, um so die Vergleichbarkeit des Zahlenwerks mehrerer Perioden sicherzustellen. Gleichartige Aktiva und Passiva sowie Aufwendungen und Erträge sollen in aufeinanderfolgenden Jahresabschlüssen jeweils unter den gleichen Posten ausgewiesen werden. Sind Änderungen in Darstellung und Ausweis begründet und sinnvoll, so sind diese im Anhang zu erläutern. Das gleiche gilt im übrigen für die noch zu erörternden Bewertungsmethoden, die ebenfalls kontinuierlich anzuwenden sind, bzw. wenn in begründeten Fällen abgewichen wird, sind diese Abweichungen ebenfalls im Anhang zu erläutern.

Abgesehen von den allgemeinen Ordnungsmäßigkeitsgrundsätzen, die der buchführende Kaufmann zu beachten hat, stellen sich dem Bilanzierenden stets zwei Fragen:
- Welche Vermögensgegenstände und Schulden sind im einzelnen in die Bilanz aufzunehmen (die Frage nach der Bilanzierung dem Grunde nach)?
- Welcher Wert ist den einzelnen Vermögensgegenständen und Schulden beizumessen (die Frage nach der Bilanzierung der Höhe nach)?

Dementsprechend sind im Rahmen der GoB besondere Grundsätze entwickelt worden, die den Ansatz und die Bewertung von Aktiva und Passiva betreffen (Bilanzierungs- und Bewertungsgrundsätze).

2.2 Die allgemeinen Bilanzierungsgrundsätze

1. Grundlage einer jeden Bilanzierung ist die **Inventarisierung** des gesamten Vermögens und sämtlicher Schulden des Kaufmanns. Das heißt, *„jeder Kaufmann hat zu Beginn seines Handelsgewerbes seine Grundstücke, seine Forderungen und Schulden, den Betrag seines baren Geldes sowie seine sonstigen Vermögensgegenstände genau zu verzeichnen und dabei den Wert der einzelnen Vermögensgegenstände und Schulden anzugeben. Er hat demnächst für den Schluß eines jeden Geschäftsjahres ein solches Inventar aufzustellen." (§ 240 HGB)*

Inventarisierung bedeutet mithin, neben der rein buchhalterischen Erfassung der Geschäftsvorfälle, in geeigneten Aufzeichnungen Vermögen und Schulden zu dokumentieren. Für das Anlagevermögen erfolgt dies in der Regel in Form einer Anlagenkartei, die Vorräte werden in Lagerbestandslisten erfaßt, die Kundenforderungen und Lieferantenverbindlichkeiten jeweils durch Saldenlisten dokumentiert.

Darüber hinaus hat der Kaufmann *„zu Beginn seines Handelsgewerbes und für den Schluß eines jeden Geschäftsjahres einen das Verhältnis seines Vermögens und* *seiner Schulden darstellenden Abschluß (Eröffnungsbilanz, Bilanz) aufzustellen.“ (§ 242 HGB)*

2. Nach dem **Vollständigkeitsgebot** des § 246 Abs. 1 HGB ist der Kaufmann verpflichtet, sämtliche Vermögensgegenstände, Schulden und Rechnungsabgrenzungsposten in die Bilanz aufzunehmen, soweit gesetzlich nichts anderes bestimmt ist. Die Einschränkung erfolgt insbesondere im Hinblick auf gewisse Bilanzierungswahlrechte und Bilanzierungsverbote, auf die der Kaufmann zurückgreifen kann bzw. die er zu beachten hat. Welche Vermögensgegenstände, Schulden und Rechnungsabgrenzungsposten in der Bilanz zu erfassen sind, hängt davon ab, ob diese zum einen dem Kaufmann in persönlicher Hinsicht zuzurechnen und ob diese zum anderen in sachlicher Hinsicht seiner betrieblichen Sphäre gewidmet sind.

Für die **persönliche Zuordnung** von **Vermögensgegenständen** ist grundsätzlich nicht das zivilrechtliche Eigentum maßgeblich. Anknüpfungspunkt für die Aktivierung von Vermögensgegenständen ist allein das **wirtschaftliche Eigentum,** welches nicht notwendigerweise mit dem zivilrechtlichen Eigentum identisch ist. Wirtschaftlicher Eigentümer ist grundsätzlich derjenige, der die tatsächliche Sachherrschaft über einen Gegenstand in der Weise ausübt, daß er den rechtlichen Eigentümer auf Dauer von der Einwirkung ausschließen kann *(§ 39 AO)*. Dies ist der Fall, wenn Gefahr, Nutzen und Lasten der Sache bei dem liegen, der die Herrschaft ausübt, und dies grundsätzlich für die gewöhnliche Nutzungsdauer gegeben ist. Das mögliche Auseinanderfallen von wirtschaftlichem und zivilrechtlichem Eigentum betrifft vor allem

- Treuhandverhältnisse,
- Sicherungsabreden,
- Eigentumsvorbehalt,
- Leasinggeschäfte.

Bei **Treuhandschaften** erwirbt der Treuhänder einen Vermögensgegenstand im eigenen Namen, aber für Rechnung des Treugebers. Das wirtschaftliche Eigentum bleibt beim Treugeber, der demzufolge den Vermögensgegenstand zu bilanzieren hat.

Das gleiche gilt für **Sicherungsübereignungen.** Übereignet zum Beispiel ein Kaufmann seine Vorratsbestände zur Sicherheit einer kreditgebenden Bank, so wird diese zivilrechtlich Eigentümerin. Die Vorratsbestände sind jedoch solange bei dem kreditnehmenden Kaufmann zu bilanzieren, wie dieser weiterhin wirtschaftlich über die Vorratsbestände verfügen kann.

Im Falle von unter **Eigentumsvorbehalt** gelieferten Gegenständen bleibt das rechtliche Eigentum beim Veräußerer bis der Kaufpreis vollständig entrichtet ist. Dennoch sind Gefahr, Nutzen und Lasten bereits auf den Erwerber übergegangen, der den Vermögensgegenstand damit zu bilanzieren hat.

Auch für **Leasinggeschäfte** richtet sich die bilanzielle Zuordnung des Leasinggegenstandes danach, ob mit dem Abschluß des Vertrages das wirtschaftliche Eigentum noch beim Leasinggeber als dem zivilrechtlichen Eigentümer verbleibt, oder ob es bereits auf den Leasingnehmer übergegangen ist. Maßgeblich hierfür ist, inwieweit über die Laufzeit des Leasingvertrages der Leasinggegenstand weitgehend wirtschaftlich abgenutzt wird und die Leasingraten die Anschaffungskosten abdecken. Sofern nach Ablauf der Grundmietzeit der Leasinggeber weiterhin wirtschaftlichen Nutzen aus dem Vermögensgegenstand ziehen kann, bleibt dieser auch wirtschaftlicher Eigentümer. Ist nach Ende der Grundmietzeit eine anderweitige wirtschaftliche Nutzung nicht mehr möglich, ist der Leasinggegenstand bereits mit Abschluß des Leasingvertrages beim Leasingnehmer zu bilanzieren.
Eine Zuordnung eines Leasinggegenstandes beim Leasingnehmer hat zur Konsequenz, daß dieser den Gegenstand mit Abschluß des Leasingvertrages in seinem Anlagevermögen mit den Anschaffungskosten zu aktivieren und gleichzeitig auf der Passivseite in gleicher Höhe eine Verbindlichkeit gegenüber dem Leasinggeber zu passivieren hat. Die Anschaffungskosten sind planmäßig nach Maßgabe der betriebsgewöhnlichen Nutzungsdauer abzuschreiben. Die laufenden Leasingraten sind in einen Tilgungsanteil und einen Zinsanteil aufzuteilen. Der Tilgungsanteil ist mit der passivierten Verbindlichkeit zu verrechnen. Der Zinsanteil ist laufender Betriebsaufwand. Ist der Leasinggegenstand nach Abschluß des Vertrages unverändert dem Leasinggeber zuzurechnen, sind beim Leasingnehmer die laufenden Leasingraten in voller Höhe Betriebsaufwand. Die bilanzielle Erfassung beim Leasinggeber erfolgt spiegelbildlich zu der Verfahrensweise beim Leasingnehmer.

Unabhängig von der Frage nach dem wirtschaftlichen Eigentum dürfen in **sachlicher** Hinsicht nur Vermögensgegenstände bilanziert werden, die der betrieblichen Sphäre des Kaufmanns gewidmet sind. Steuerlich sind in diesem Zusammenhang die Begriffe

- des notwendigen Betriebsvermögens,
- des notwendigen Privatvermögens und
- des gewillkürten Betriebsvermögens geprägt worden.

Notwendiges Betriebsvermögen sind alle Vermögensgegenstände, die objektiv zum Einsatz im Betrieb bestimmt sind. Umgekehrt gehören zum **notwendigen Privat-**

vermögen alle Vermögensgegenstände, die ausschließlich oder überwiegend der privaten Lebensführung des Kaufmanns zuzurechnen sind. Vermögensgegenstände, die weder notwendiges Betriebsvermögen noch notwendiges Privatvermögen sind, jedoch in einem gewissen objektiven Zusammenhang mit dem Betrieb stehen, sind **gewillkürtes Betriebsvermögen**, wenn dies durch eine entsprechende Widmung und eine entsprechende buchmäßige Behandlung zum Ausdruck kommt.

Für die Zuordnung von **Verbindlichkeiten** gilt, daß diese in **persönlicher** Hinsicht dem wirtschaftlich Verpflichteten zuzurechnen sind. In **sachlicher** Hinsicht ist erforderlich, daß die eingegangenen Verpflichtungen objektiv im wirtschaftlichen Zusammenhang mit dem Unternehmen des Verpflichteten stehen. Dies ist der Fall, wenn die Entstehung der Verbindlichkeit auf Vorgängen beruht, die in der betrieblichen Sphäre zu finden sind.

Die Frage der sachlichen Zuordnung sowohl von Vermögensgegenständen als auch von Verbindlichkeiten stellt sich nur für Einzelkaufleute und Personengesellschaften, da hier Rechte und Pflichten sowohl des privaten als auch des betrieblichen Bereiches in der Person des Einzelkaufmanns beziehungsweise des Gesellschafters einer Personengesellschaft zusammentreffen. Eine Kapitalgesellschaft kann demgegenüber keine private Sphäre haben. Alle unter ihrem Namen abgeschlossenen Rechtsgeschäfte und die daraus resultierenden Ansprüche und Verpflichtungen sind in der Bilanz einer Kapitalgesellschaft zu erfassen.

3. Neben den erörterten Bilanzierungspflichten stehen dem Kaufmann **Bilanzierungswahlrechte** und **Bilanzierungshilfen** zur Verfügung, nach denen er nach freiem Ermessen entscheiden kann, ob insoweit bestimmte Aktiva und Passiva in die Bilanz aufgenommen werden.

a) Diese **Ansatzwahlrechte** betreffen

die Aktivierung

- von Aufwendungen für die Ingangsetzung oder Erweiterung des Geschäftsbetriebes,
- eines derivativen Geschäfts- oder Firmenwertes,
- eines Disagios,
- von aktiven latenten Steuern sowie
- von unentgeltlich erworbenen Vermögensgegenständen,

die Passivierung

- eines Sonderpostens mit Rücklageanteil und
- von Aufwandsrückstellungen.

b) Darüber hinaus gelten noch die nachfolgenden **Bilanzierungsverbote.** Es gilt ein

Aktivierungs**verbot**

- für nichtentgeltlich erworbene immaterielle Vermögensgegenstände des Anlagevermögens,
- für Aufwendungen für die Gründung und Kapitalbeschaffung,
- für einen originären, d.h. selbstgeschaffenen Geschäfts- oder Firmenwert

sowie ein Passivierungs**verbot**

- für andere, als die im Gesetz genannten Rückstellungen.

Inhalt und Umfang der Bilanzierungswahlrechte und Bilanzierungsverbote werden ausführlich im Zusammenhang mit den Erläuterungen zu den einzelnen Bilanzposten im 3. Kapitel erörtert.

4. Im Zusammenhang mit den Bilanzierungsgrundsätzen ist noch auf das **Verrechnungsverbot** *(§ 246 Abs. 2 HGB)* hinzuweisen. Danach dürfen grundsätzlich in der Bilanz Posten der Aktivseite nicht mit Posten der Passivseite und in der Gewinn- und Verlustrechnung Aufwendungen nicht mit Erträgen verrechnet werden. Forderungen und Verbindlichkeiten zwischen denselben Personen dürfen ausnahmsweise verrechnet werden, wenn diese gem. § 387 BGB von beiden Seiten gegeneinander aufgerechnet werden können.

2.3 Die allgemeinen Bewertungsgrundsätze

Nachdem der Kaufmann den allgemeinen Bilanzierungsgrundsätzen folgend festgelegt hat, welche Aktiva und Passiva dem Grunde nach in die Bilanz aufzunehmen sind, hat er in einem zweiten Schritt zu bestimmen, welcher Wert den einzelnen Vermögensgegenständen und Schulden beizulegen ist (Bilanzierung der Höhe nach). Auch hierfür sind allgemeine Grundsätze entwickelt worden, die zu einem wesentlichen Teil in den §§ 252–256 des HGB kodifiziert worden sind. Die allgemeinen **Bewertungsgrundsätze** können wie folgt benannt werden:

1. Grundsatz der Bilanzidentität,
2. Grundsatz der Unternehmensfortführung,
3. Grundsatz der Vorsicht,
4. Grundsatz der Periodenabgrenzung,
5. Grundsatz der Bewertungsstetigkeit,
6. Grundsatz der Wertobergrenze der Anschaffungs- bzw. Herstellungskosten.

1. Nach dem **Grundsatz der Bilanzidentität** müssen die Schlußbilanz eines Wirtschaftsjahres und die darauf folgende Anfangsbilanz des Folgejahres sowohl hinsichtlich der Menge als auch hinsichtlich des Wertansatzes der einzelnen Vermögensgegenstände und Schulden identisch sein *(§ 252 Abs. 1 Nr. 1 HGB)*. Jede betragsmäßige Veränderung in der logischen Sekunde zwischen Schlußbilanz und Anfangsbilanz des Folgejahres würde sich unmittelbar auf den Betriebsvermögensvergleich auswirken und damit zu einer Verfälschung des Gewinns in entsprechender Höhe führen.

2. Nach dem **Grundsatz der Unternehmensfortführung** ist bei der Bewertung von der Fortführung der Unternehmenstätigkeit auszugehen, sofern dem nicht tatsächliche oder rechtliche Gegebenheiten entgegenstehen *(§ 252 Abs. 1 Nr. 2 HGB)*. Dieser Grundsatz, welcher auch unter dem englischen Begriff Going-Concern-Concept bekannt ist, geht von der Überlegung aus, daß einem Vermögensgegenstand für den Fall der Fortführung der Geschäftstätigkeit ein anderer Wert beizulegen ist als für den Fall der Beendigung der unternehmerischen Tätigkeit. Maßgeblich für die Bewertung eines Vermögensgegenstandes ist der daraus erzielbare künftige Ertrag.

Die Auswirkung des Wegfalles der Going-Concern-Prämisse auf die Bewertung soll folgendes Beispiel verdeutlichen:

Bewertung bei Wegfall der Going-Concern-Prämisse

Ein Unternehmen produziert Erzeugnisse auf einer speziell hierfür entwickelten Produktionsanlage. In der Vergangenheit konnten diese Erzeugnisse gewinnbringend veräußert werden. Die Anschaffungskosten der Produktionsanlage konnten über die Abschreibungen, die durch die Verkaufserlöse gedeckt waren, wiedergewonnen werden. Die Produktionsanlagen wurden dementsprechend zu dem jeweiligen Bilanzstichtag zu Anschaffungskosten abzüglich der planmäßigen Abschreibungen bewertet. Aufgrund von Marktveränderungen geriet das Unternehmen in wirtschaftliche Schwierigkeiten und die Geschäftsleitung sah sich gezwungen, die Unternehmenstätigkeit einzustellen. Die speziellen Maschinen können anderweitig nicht eingesetzt werden und haben in diesem Fall nur noch Schrottwert. Die noch vorhandenen Fertigerzeugnisse können nur noch zu Preisen veräußert werden, die unter den Herstellungspreisen liegen, die halbfertigen Erzeugnisse können nicht mehr verwertet werden. In der Bilanz, die zu einem Zeitpunkt aufgestellt wird, zu dem die Einstellung der Geschäftstätigkeit bereits beschlossen bzw. unausweichlich geworden ist, können die Maschinen und die Fertigerzeugnisse nur noch mit dem noch erzielbaren Einzelveräußerungspreis angesetzt werden. Den unfertigen Erzeugnissen ist kein Wert mehr beizumessen.

3. Das **Vorsichtsprinzip** spielt traditionell im Rahmen der GoB eine herausragende Rolle. Danach ist der Kaufmann angehalten, einen Sachverhalt stets vorsichtig zu beurteilen und im Zweifel die ungünstigere Möglichkeit einer Entwicklung als die wahrscheinlichere anzunehmen. Damit sollen im Hinblick auf die Rechenschaftslegung Gewinne erst ausgewiesen werden, wenn an ihrem Entstehen kein Zweifel mehr besteht. Verlustrisiken werden hingegen bereits dann bei der Bewertung berücksichtigt, wenn ihr Eintritt wahrscheinlich geworden ist. Im einzelnen sind die folgenden Bewertungsgrundsätze Ausfluß des Vorsichtsprinzips:

a) der Grundsatz der Einzelbewertung,
b) das Imparitätsprinzip und das Realisationsprinzip sowie
c) das Niederstwertprinzip.

a) Nach dem **Grundsatz der Einzelbewertung** sind die Vermögensgegenstände und Schulden zum Abschlußstichtag einzeln zu bewerten *(§ 252 Abs. 1 Nr. 2 HGB)*. Dies bedeutet, daß die einzelnen Vermögensgegenstände und Schulden jeweils gesondert bilanziert und bewertet werden müssen. Dadurch soll verhindert werden, daß Wertminderungen und Werterhöhungen miteinander saldiert werden. Hierfür ist es erforderlich, die einzelnen Vermögensgegenstände in ihrer Funktion gegeneinander abzugrenzen. Es muß mithin definiert werden, ob ein Vermögensgegenstand im Betrieb selbständig nutzungsfähig ist, oder ob er in einem funktionalen Zusammenhang mit einem anderen Vermögensgegenstand zu sehen ist. Soweit Vermögensgegenstände in einem einheitlichen betrieblichen Nutzungs- und Funktionszusammenhang stehen, bilden sie eine Bewertungseinheit und sind in dieser Sachgesamtheit Objekt der Bewertung. Maßgeblich ist die funktionale Einordnung im jeweiligen Betrieb. So ist denkbar, daß eine Maschine in dem einen Betrieb selbständig eingesetzt und bewertet werden kann, während sie in einem anderen Betrieb fester Bestandteil einer größeren Produktionsanlage ist und mit dieser eine Bewertungseinheit bildet.

Als Ausnahme von dem Grundsatz der Einzelbewertung sind Verfahren der Bewertungsvereinfachung ausdrücklich zugelassen. Hierzu zählen

- Verbrauchsfolgeverfahren für Vorräte (z.B. Fifo, Lifo),
- die Ermittlung von Festwerten für Sachanlagen und Roh-, Hilfs- und Betriebsstoffe,
- die Gruppenbewertung für gleichartige und annähernd gleichwertige Vorräte oder Schulden.

Bei den sog. **Verbrauchsfolgeverfahren** wird eine bestimmte Reihenfolge des Verbrauchs von Vorratsbeständen unterstellt.
Bei der **Fifo-Methode** (first in – first out) wird angenommen, daß die zuerst angeschafften oder hergestellten Vorratsbestände auch zuerst veräußert worden sind. Dies bedeutet, daß die am Bewertungsstichtag noch vorhandenen Bestände zuletzt angeschafft bzw. hergestellt worden und mit den entsprechenden Anschaffungs-/Herstellungskosten zu bewerten sind.

Beim **Lifo-Verfahren** (first in – first out) wird unterstellt, daß die zuletzt beschafften Bestände zuerst das Lager verlassen und damit die zuerst angeschafften bzw. hergestellten Güter zum Stichtag noch im Bestand sind.

b) Nach dem Imparitätsprinzip sind alle vorhersehbaren Risiken und Verluste, die bis zum Abschlußstichtag entstanden sind, zu berücksichtigen, selbst wenn diese erst zwischen dem Abschlußstichtag und dem Tag der Aufstellung des Jahresabschlusses bekannt geworden sind. Demgegenüber dürfen Gewinne nur berücksichtigt werden, wenn sie vor dem Abschlußstichtag realisiert sind (**Realisationsprinzip,** *§ 252 Abs. 1 Nr. 4 HGB).*

Das Imparitätsprinzip, auch Prinzip der Verlustantizipation genannt, leitet seine Bezeichnung aus der ungleichen Behandlung von unrealisierten Gewinnen und unrealisierten Verlusten ab. Drohende Verluste sind bereits zu berücksichtigen, wenn ihr Entstehen wahrscheinlich ist. Dies ist der Fall, wenn frühere Ausgaben voraussichtlich nicht durch spätere Einnahmen gedeckt werden können oder wenn künftige Ausgaben zu befürchten sind, denen keine Einnahmen in gleichwertiger Höhe gegenüberstehen.

Frühere Ausgaben werden nicht durch spätere Einnahmen gedeckt, wenn Vermögensgegenstände im Betrieb vorhanden sind, für die die ursprünglichen Anschaffungskosten bzw. Herstellungskosten nicht mehr in voller Höhe durch künftige Einnahmen wiedergewonnen werden können. In diesem Fall sind diese auf den Wert abzuwerten, der voraussichtlich durch die künftigen Einnahmen noch erzielt werden kann. Hat das bilanzierende Unternehmen z.B. Ware im Wert von 100 DM pro Stück erworben, und ist diese Ware nur noch zu einem Preis von 80 DM pro Stück zu veräußern, so ist dies bei der Bewertung des Warenbestandes in der Bilanz bereits durch eine entsprechende Abschreibung zu berücksichtigen.

Drohende Verluste sind ebenfalls bilanziell zu berücksichtigen, wenn das bilanzierende Unternehmen Kenntnis darüber hat, daß unvermeidbare Ausgaben zu erwarten sind, wie z.B. Schadensersatzleistungen, die nicht durch entsprechende Einnahmen kompensiert werden können. In Höhe des wahrscheinlichen Risikos sind dann entsprechende Rückstellungen zu bilden. Einzelheiten werden hierzu in Kapitel 3.1.2 im Rahmen der Ausführungen zur Bilanzierung von Rückstellungen erörtert.

Maßgeblich für die antizipative Berücksichtigung von Verlusten ist allerdings, daß diese auf Entscheidungen oder Ereignissen beruhen, die vor dem Abschlußstichtag lagen. Dies gilt auch, wenn die Ereignisse erst nach dem Stichtag, jedoch vor dem Tag der Aufstellung des Jahresabschlusses bekannt geworden sind (**Wertaufhellung**). Ereignisse nach dem Abschlußstichtag, die **wertbestimmend** sind, wie z.B. ein Schadensereignis (Feuer, Schiffsuntergang), sind erst in der Periode zu erfassen, in der das Ereignis zu verzeichnen ist.

Anders als bei der Verlustantizipation dürfen die **Gewinne** erst ausgewiesen werden, wenn diese vollständig realisiert sind. Als **Realisationszeitpunkt** gilt grundsätzlich der Zeitpunkt der Leistungserbringung, d.h. der Zeitpunkt, zu dem der Bilanzierende seine Hauptleistung erbracht und damit den vollständigen Anspruch auf die Gegenleistung erworben hat. Im Falle einer Sachleistung ist hierfür in der Regel der Übergang der Gefahrtragung auf den Abnehmer maßgeblich. Problematisch ist die Definition des Realisationszeitpunktes z.B. bei Teilleistungen sowie bei langfristiger Auftragsfertigung. Grundsätzlich ist die Vertragsgestaltung entscheidend für die Definition des Zeitpunktes der Erbringung der Hauptleistung.

c) Das **Niederstwertprinzip** ist die technische Ausprägung des Prinzips der Verlustantizipation. Danach ist von mehreren möglichen Werten der jeweils niedrigere anzusetzen. Für Vermögensgegenstände des Umlaufvermögens gilt das strenge Niederstwertprinzip, wonach negative Wertentwicklungen, wie z.B. der zuvor geschilderte Rückgang des Verkaufspreises der am Bilanzstichtag vorhandenen Ware, zwingend zu berücksichtigen sind. Vermögensgegenstände des Anlagevermögens sind nur abzuwerten, wenn die Wertminderung von voraussichtlicher Dauer ist (gemildertes Niederstwertprinzip). Für Verbindlichkeiten gilt entsprechend das Höchstwertprinzip.

4. Nach dem **Grundsatz der Periodenabgrenzung** sind Aufwendungen und Erträge des Geschäftsjahres unabhängig von dem Zeitpunkt der entsprechenden Zahlungen im Jahresabschluß zu berücksichtigen. Dieser Grundsatz ist Ausprägung des technischen Problems, daß das Leben eines Betriebes in Teilperioden (in der Regel Geschäftsjahre) unterteilt und die positiven und negativen Erfolgsbeiträge der jeweiligen Periode verursachungsgerecht zugerechnet werden müssen. Jedem zu bilanzierenden Sachverhalt liegen entsprechende Zahlungsvorgänge (Veränderungen im Bestand liquider Mittel) zugrunde. Die Aufwands- und Ertragsperiodisierung erfolgt jedoch unabhängig vom Zeitpunkt der Zahlungen.

Als Beispiele seien genannt:

Auseinanderfallen von Zahlungen und deren Erfolgswirksamkeit

- Auszahlung erfolgt früher als Aufwand,
  wenn z.B. Vermögensgegenstände des Anlagevermögens angeschafft werden und die Zahlung bei Anschaffung erfolgt; die Auszahlung wird zum Aufwand über die künftigen Abschreibungen (siehe auch S. 46ff.).
- Auszahlung erfolgt später als Aufwand,
  wenn z.B. Rückstellungen für Verpflichtungen gebildet werden, die erst zu einem späteren Zeitpunkt ausgabenwirksam werden.
- Einzahlung erfolgt früher als Ertrag,
  wenn z.B. für noch zu erbringende Leistungen Vorauszahlungen geleistet wurden.
- Einzahlungen erfolgen später als Ertrag,
  wenn z.B. Ware auf Ziel verkauft wird.

5. Nach dem **Grundsatz der Bewertungsstetigkeit** sollen die auf den vorhergehenden Jahresabschluß angewandten Bewertungsmethoden beibehalten werden. Wäre es dem Kaufmann gestattet, jedes Jahr die bei der Bewertung von Aktiva und Passiva zugrunde gelegten Ermittlungsmethoden zu ändern, wäre eine Vergleichbarkeit der Zahlen von aufeinanderfolgenden Jahresabschlüssen nicht mehr gewährleistet. Zu den Bewertungsmethoden zählen die Abschreibungsmethoden ebenso

wie die Auswahl der bei der Ermittlung der Herstellungskosten einzubeziehenden Gemeinkosten *(vgl. S. 40)*. Von dem Stetigkeitsgebot darf nur in begründeten Ausnahmefällen abgewichen werden. In diesem Falle ist im Anhang darauf hinzuweisen und der Einfluß auf die Vermögens-, Finanz- und Ertragslage darzustellen.

6. Die Vermögensgegenstände in der Bilanz des Kaufmanns dürfen höchstens mit den Anschaffungskosten beziehungsweise den Herstellungskosten bewertet werden. Damit stellen die vom Kaufmann geleisteten **Beschaffungsaufwendungen** für die Bewertung der Vermögensgegenstände in der Bilanz die **Wertobergrenze** dar. Ein denkbarer Ansatz zu höheren Verkehrswerten würde gegen das Verbot verstoßen, nicht realisierte Gewinne auszuweisen. Nach diesem Grundsatz darf zum Beispiel ein Grundstück, welches vor längerer Zeit angeschafft worden ist, weiterhin nur mit den Anschaffungskosten bewertet werden, auch wenn der Verkehrswert zum Bilanzstichtag ein Vielfaches der in der Vergangenheit geleisteten Anschaffungskosten betragen würde.

Maßgeblich für die Unterscheidung von Anschaffungskosten und Herstellungskosten ist die Frage, ob es sich bei der Beschaffung des Vermögensgegenstandes um einen Anschaffungsvorgang oder um einen Herstellungsvorgang handelt. Ein Anschaffungsvorgang liegt vor, wenn ein bereits vorhandener Vermögensgegenstand erworben, d.h. aus fremder in die eigene wirtschaftliche Verfügungsmacht überführt wird. Von einem Herstellungsvorgang wird hingegen gesprochen, wenn ein noch nicht bestehender Gegenstand neu geschaffen wird.

a) *„**Anschaffungskosten** sind die Aufwendungen, die geleistet werden, um einen Vermögensgegenstand zu erwerben und ihn in einen betriebsbereiten Zustand zu versetzen, soweit sie dem Vermögensgegenstand einzeln zugeordnet werden können. Zu den Anschaffungskosten gehören auch die Nebenkosten sowie die nachträglichen Anschaffungskosten. Anschaffungspreisminderungen sind abzusetzen" (§ 255 Abs. 1 HGB)*. Nach dieser gesetzlichen Definition der Anschaffungskosten lassen sich mithin folgende Bestandteile der Anschaffungskosten unterscheiden:

Kosten des Erwerbes
- Anschaffungspreis
- Anschaffungspreisminderungen
- nachträgliche Anschaffungskosten
- Anschaffungsnebenkosten

Kosten der Herstellung der Betriebsbereitschaft

Der Anschaffungsvorgang darf im Ergebnis nur zu einer **ergebnisneutralen Vermögensumschichtung** führen. Die Anschaffungskosten sind durch die Gegenleistung seitens des Betriebes für den Erwerb des Vermögensgegenstandes bestimmt. In Höhe der anschaffungsbedingten Aufwendungen liegt ein Vermögensabgang vor, dem der Zugang des erworbenen Vermögensgegenstandes gegenübersteht, der wiederum zu den anschaffungsbedingten Aufwendungen zu bewerten ist.

Anschaffungspreis ist zunächst der Kaufpreis. Sofern der Betrieb berechtigt ist, die in Rechnung gestellte Umsatzsteuer als Vorsteuer abzuziehen, ist diese nicht Bestandteil der Anschaffungskosten. **Anschaffungspreisminderungen** sind von den Anschaffungskosten abzusetzen. Hierzu zählt jegliche Form des Preisnachlasses wie Rabatte, mengen- oder umsatzabhängige Boni und Skonti, auch wenn diese erst zu einem späteren Zeitpunkt gewährt werden. Auch **nachträgliche Anschaffungskosten** sind vor dem Hintergrund der Ergebnisneutralität des Anschaffungsvorganges zu berücksichtigen.

Zum Anschaffungsvorgang zählt nicht allein der Erwerb des Vermögensgegenstandes, sondern auch die **Herstellung der Betriebsbereitschaft**. Der Anschaffungsvorgang ist erst beendet, wenn der Vermögensgegenstand in einen funktionsfähigen Zustand versetzt worden ist. Die damit verbundenen Aufwendungen sind ebenfalls notwendiger Bestandteil der Anschaffungskosten. Hierzu zählen zum Beispiel die Aufwendungen für die Montage einer Maschine. Diese dürfen jedoch nur insoweit berücksichtigt werden, als sie einzeln, d.h. direkt und unmittelbar dem Anschaffungsvorgang zugerechnet werden können. Hierbei geht es vor allem um Nebenkosten, die innerhalb des Betriebes anfallen. So sind zum Beispiel die Montagestunden eigener Mitarbeiter als Einzelkosten in die Anschaffungskosten mit einzubeziehen.

b) Bei den **Herstellungskosten** handelt es sich ebenfalls um Aufwendungen im Sinne einer Gegenleistung, die dem Betrieb entstehen, um einen Vermögensgegenstand zu beschaffen. Anders als bei einem Anschaffungsvorgang handelt es sich bei der Herstellung um die Neuschaffung eines noch nicht bestehenden Vermögensgegenstandes. Darüber hinaus umfaßt der Herstellungsbegriff auch die Erweiterung eines vorhandenen Vermögensgegenstandes sowie eine wesentliche Verbesserung seines bisherigen Zustandes.

Auch der Begriff der Herstellungskosten ist gesetzlich *(§ 255 Abs. 2 HGB)* abschließend definiert. Danach fallen hierunter *„die Aufwendungen, die durch den Verbrauch von Gütern und die Inanspruchnahme von Diensten für die Herstellung* *eines Vermögensgegenstandes, seine Erweiterung oder eine über seinen ursprünglichen Zustand hinausgehende wesentliche Verbesserung entstehen. Dazu gehören die Materialkosten, die Fertigungskosten und die Sonderkosten der Fertigung. Bei der Berechnung der Herstellungskosten dürfen auch angemessene Teile der notwendigen Materialgemeinkosten, der notwendigen Fertigungsgemeinkosten und des Werteverzehrs des Anlagevermögens, soweit er durch die Fertigung veranlaßt ist, eingerechnet werden. Kosten der allgemeinen Verwaltung sowie Aufwendungen für soziale Einrichtungen des Betriebes, für freiwillige soziale Leistungen und für betriebliche Altersversorgung brauchen nicht eingerechnet zu werden. Aufwendungen im Sinne der Sätze 3 und 4 dürfen nur insoweit berücksichtigt werden, als sie auf den Zeitraum der Herstellung entfallen. Vertriebskosten dürfen nicht in die Herstellungskosten einbezogen werden.“*

Der Begriff der Herstellungskosten ist ungleich komplexer als der der Anschaffungskosten. Grundsätzlich sollen sämtliche Aufwendungen erfaßt werden, die mit der Herstellung eines Vermögensgegenstandes in Verbindung zu bringen sind. Da es sich bei Herstellungsvorgängen in einem Betrieb in der Regel um komplexe Verfahrensabläufe handelt, ist eine verursachungsgerechte Zuordnung der Aufwendungen schwierig. Dies kann in der Regel nur mit Hilfe des Instrumentes einer aussagefähigen Kostenrechnung geschehen.

Bei der handelsrechtlichen Definition der Bestandteile, die in die Herstellungskosten einfließen, sind Kosten zu unterscheiden, die zwingend einzubeziehen sind, solche, die einbezogen werden dürfen, und solche, die nicht einbezogen werden brauchen. Nach Steuerrecht sind die Kostenbestandteile, für die ein Einbeziehungsgebot bei der Bewertung hergestellter Vermögensgegenstände besteht, weiter gefaßt als nach Handelsrecht. Im einzelnen lassen sich die folgenden Bestandteile der Herstellungskosten unterscheiden:

Einzelkosten

  Materialeinzelkosten
\+ Fertigungseinzelkosten
\+ Sondereinzelkosten der Fertigung

= Bewertungsuntergrenze nach Handelsrecht

Notwendiger Bestandteil der Herstellungskosten sowohl nach Handelsrecht als auch nach Steuerrecht sind die **Einzelkosten,** bestehend aus den direkt zurechenbaren Materialeinzelkosten (Rohstoffe, Zuliefermaterial, Zulieferteile), den Fertigungseinzelkosten (Fertigungslöhne) sowie den Sondereinzelkosten der Fertigung (wie z.B. Lizenzgebühren, Modellkosten).

Gemeinkosten

Materialgemeinkosten
+ Fertigungsgemeinkosten
+ Abschreibungen auf Fertigungsanlagen
= Bewertungsuntergrenze nach Steuerrecht

+ Verwaltungsgemeinkosten

= Bewertungsobergrenze

Darüber hinaus fallen bei der Herstellung auch Kosten an, die nicht unmittelbar durch den Herstellungsvorgang verursacht werden und daher nur indirekt den einzelnen Erzeugnissen zugerechnet werden können (**Gemeinkosten**). Hierunter fallen Materialgemeinkosten (z.B. Kosten des Materiallagers), Fertigungsgemeinkosten (z.B. Gehälter leitender Angestellter in der Produktion) sowie die Abschreibungen auf die Produktionsanlagen. Eine Verrechnung dieser Kosten auf die einzelnen hergestellten Güter erfolgt mit Hilfe geeigneter Schlüsselgrößen.
Diese Kostenbestandteile dürfen nach Handelsrecht in die Berechnung mit einbezogen werden (Einbeziehungs**wahlrecht**).
Nach Steuerrecht sind die Material- und Fertigungsgemeinkosten notwendigerweise mit einzubeziehen (Einbeziehungs**gebot**).

Des weiteren kann es im Sinne einer Vollkostenrechnung, z.B. für die Zwecke einer Preiskalkulation, sinnvoll sein, weitere Kostenbestandteile wie Verwaltungskosten und Sozialaufwendungen in die Kalkulation mit einzubeziehen. Für die Zwecke der Bewertung hergestellter Vermögensgegenstände in der Bilanz brauchen diese Kosten sowohl nach Handelsrecht als auch nach Steuerrecht nicht berücksichtigt werden (Einbeziehungs**wahlrecht**).

Vertriebskosten dürfen nach der gesetzlichen Definition der Herstellungskosten nicht berücksichtigt werden (Einbeziehungs**verbot**).

Im übrigen wird bei der gesetzlichen Definition der Herstellungskosten von **angemessenen** Teilen der **notwendigen** Material- und Fertigungsgemeinkosten gesprochen. Bei der Forderung nach Angemessenheit und Notwendigkeit geht es insbesondere darum, nur solche Aufwendungen zu berücksichtigen, die mit der

Herstellung notwendig in Verbindung gebracht werden können. Dies gilt sowohl hinsichtlich der Art als auch hinsichtlich des Umfangs der einzubeziehenden Aufwendungen. So sind Kosten einer eventuellen Unterbeschäftigung (Leerkosten) unberücksichtigt zu lassen. Sofern die Kapazitätsauslastung ungenügend ist, dürfen Kapazitätskosten, wie z.B. Abschreibungen, nur insoweit auf die einzelnen Erzeugnisse verrechnet werden, wie dies einer normalen Auslastung entsprechen würde. Andernfalls würden bei einer Unterauslastung zu hohe Kostenanteile auf die einzelnen Erzeugnisse verrechnet und diese damit zu hoch bewertet werden.

Angemessene und notwendige Material- und Fertigungsgemeinkosten

Fallen z.B. für einen Produktionsbereich jährlich fixe Kosten (Abschreibungen, Gehälter leitender Mitarbeiter) von 200.000 DM an, und gestattet die Kapazität bei Normalauslastung die Herstellung von 10.000 Einheiten eines Erzeugnisses, so entfallen auf eine Einheit Fixkosten in Höhe von 20 DM.
Sind in einer Periode auf der Anlage nur 4.000 Einheiten produziert worden, entfallen rechnerisch auf eine Einheit Fixkosten in Höhe von 50 DM. Vorhandene Bestände dürfen jedoch in der Bilanz nur mit anteiligen fixen Gemeinkosten von 20 DM/Einheit bewertet werden, wie es rechnerisch einer Normalbeschäftigung entsprechen würde. In Höhe von 30 DM/Einheit sind sogenannte Leerkosten zu verzeichnen.

2.4 Handelsbilanz und Steuerbilanz

Nach dem deutschen Bilanzrecht wird die Steuerbilanz grundsätzlich aus der Handelsbilanz abgeleitet. Die Steuerbilanz stellt damit keine eigenständige Bilanz dar. Nach dem **Grundsatz der Maßgeblichkeit** sind Vermögen und Schulden in der Steuerbilanz nach Maßgabe der Handelsbilanz anzusetzen *(§ 5 EStG)*.

Allerdings wird der Maßgeblichkeitsgrundsatz zum einen dadurch unterbrochen, daß das Steuerrecht in den §§ 6–7 k EStG eigenständige Bewertungsvorschriften entwickelt hat, die den Bewertungsvorschriften des HGB vorgehen. Darüber hinaus sind aus Gründen einer Gleichmäßigkeit der Besteuerung vom Handelsrecht eingeräumte Aktivierungs- und Passivierungswahlrechte steuerlich nicht anerkannt. Handelsrechtliche Aktivierungswahlrechte führen steuerlich zu einem Aktivierungs**gebot** (z.B. die Aktivierung eines Disagios). Ein handelsrechtliches Passivierungswahlrecht ist in der Steuerbilanz mit einem Passivierungs**verbot** verbunden. So dürfen in der Steuerbilanz Aufwandsrückstellungen nicht gebildet werden.

Die Ansatz- und Bewertungsunterschiede zwischen Handels- und Steuerbilanz werden für die Zwecke der steuerlichen Gewinnermittlung in einer Nebenrechnung erfaßt.

Zum anderen räumt das Steuerrecht vielfach gewinnmindernde Ansatz- und Bewertungswahlrechte ein, die allein aus fiskalischen Gründen gewährt werden, um gewisse steuerliche Anreize zu schaffen. Hierzu zählen zum Beispiel die Möglichkeiten, steuerfreie Rücklagen zu bilden oder auch Sonderabschreibungen auf bestimmte Vermögensgegenstände vorzunehmen. Das Steuerrecht setzt zu deren Anerkennung in der Regel voraus, daß diese Wahlrechte bereits gewinnmindernd in der Handelsbilanz ausgeübt werden. Insoweit spricht man von der **umgekehrten Maßgeblichkeit** der Steuerbilanz für die Handelsbilanz.

3 Der Jahresabschluß

3.1 Die Bilanz

Der Formalaufbau einer Bilanz ist in seinen Grundzügen bereits im ersten Kapitel erörtert worden. Für Kapitalgesellschaften sieht das Handelsrecht das in *Abb. 14* dargestellte Gliederungsschema vor, an welches die Kapitalgesellschaften grundsätzlich gebunden sind. Für Unternehmen bestimmter Branchen wie z.B. Kreditinstitute, Versicherungsunternehmen und Krankenhäuser gelten besondere Gliederungsschemata. Eine weitere Untergliederung der einzelnen Posten ist jedoch zulässig. Insbesondere dürfen neue Posten hinzugefügt werden, wenn der zu bilanzierende Sachverhalt nicht von einem der Standardposten inhaltlich gedeckt wird. Für jede Bilanzposition sind die jeweiligen Vorjahreszahlen gegenüberzustellen. Soweit ein Posten keinen Betrag ausweist, braucht dieser nur aufgeführt zu werden, wenn unter diesem Posten im Vorjahr ein Betrag ausgewiesen worden ist.

3.1.1 Bilanzierung und Bewertung der Aktiva

A. Ausstehende Einlagen auf das gezeichnete Kapital

Sofern Gesellschafter ihrer Einlageverpflichtung nicht in voller Höhe nachgekommen sind, ist der Unterschiedsbetrag zwischen dem gezeichneten Kapital und den darauf geleisteten Einlagen unter dieser Position auszuweisen. Es handelt sich rechtlich um eine Forderung der Gesellschaft gegenüber dem Gesellschafter. Eingeforderte Einlagen sind zu vermerken. Nicht eingeforderte Einlagen können offen auf der Passivseite vom gezeichneten Kapital abgesetzt werden.

B. Aufwendungen für die Ingangsetzung und Erweiterung des Geschäftsbetriebes

Bei dieser Bilanzposition handelt es sich um eine **Bilanzierungshilfe**. Aktiviert werden dürfen Aufwendungen des Geschäftsjahres, die mit der Ingangsetzung oder der Erweiterung des Geschäftsbetriebes in Zusammenhang stehen und die nicht für die Beschaffung eines Vermögensgegenstandes geleistet wurden. Hierunter fallen z.B. Aufwendungen für den Aufbau einer Vertriebsorganisation oder für die Plazierung eines neuen Produktes mit Hilfe einer umfangreichen Werbekampagne. Solche Aufwendungen haben häufig investiven Charakter und amortisieren sich in der Regel erst über einen längeren Zeitraum. Um das Ergebnis der Gesellschaft im Jahr des Entstehens der Aufwendungen zu entlasten, dürfen diese aktiviert (**Wahlrecht**) und über längstens vier Jahre abgeschrieben werden. Gewinne dürfen nur ausgeschüt-

A. Ausstehende Einlagen auf das gezeichnete Kapital

B. Aufwendungen für die Ingangsetzung und Erweiterung des Geschäftsbetriebes

C. Anlagevermögen

I. Immaterielle Vermögensgegenstände:
1. Konzessionen, gewerbliche Schutzrechte und ähnliche Rechte und Werte sowie Lizenzen an solchen Rechten und Werten;
2. Geschäfts- oder Firmenwert;
3. Geleistete Anzahlungen.

II. Sachanlagen:
1. Grundstücke, grundstücksgleiche Rechte und Bauten einschließlich der Bauten auf fremden Grundstücken;
2. technische Anlagen und Maschinen;
3. andere Anlagen, Betriebs- und Geschäftsausstattung;
4. geleistete Anzahlungen und Anlagen im Bau.

III. Finanzanlagen:
1. Anteile an verbundenen Unternehmen;
2. Ausleihungen an verbundene Unternehmen;
3. Beteiligungen;
4. Ausleihungen an Unternehmen, mit denen ein Beteiligungsverhältnis besteht;
5. Wertpapiere des Anlagevermögens;
6. sonstige Ausleihungen.

D. Umlaufvermögen

I. Vorräte:
1. Roh-, Hilfs- und Betriebsstoffe;
2. unfertige Erzeugnisse;
3. fertige Erzeugnisse und Waren;
4. geleistete Anzahlungen.

II. Forderungen und sonstige Vermögensgegenstände;
1. Forderungen aus Lieferungen und Leistungen;
2. Forderungen gegen verbundene Unternehmen;
3. Forderungen gegen Unternehmen, mit denen ein Beteiligungsverhältnis besteht;
4. sonstige Vermögensgegenstände.

III. Wertpapiere:
1. Anteile an verbundenen Unternehmen;
2. eigene Anteile;
3. sonstige Wertpapiere.

IV. Schecks, Kassenbestand, Bundesbank- und Postgiroguthaben, Guthaben bei Kreditinstituten.

E. Rechnungsabgrenzungsposten

A. Eigenkapital

I. Gezeichnetes Kapital;
II. Kapitalrücklage;
III. Gewinnrücklagen:
1. gesetzliche Rücklage;
2. Rücklage für eigene Anteile;
3. satzungsmäßige Rücklagen;
4. andere Gewinnrücklagen.

IV. Gewinnvortrag/Verlustvortrag;
V. Jahresüberschuß/Jahresfehlbetrag;

B. Sonderposten mit Rücklageanteil

C. Rückstellungen

1. Rückstellungen für Pensionen und ähnliche Verpflichtungen;
2. Steuerrückstellungen;
3. sonstige Rückstellungen.

D. Verbindlichkeiten

1. Anleihen, davon konvertibel;
2. Verbindlichkeiten gegenüber Kreditinstituten;
3. erhaltene Anzahlungen auf Bestellungen;
4. Verbindlichkeiten aus Lieferungen und Leistungen;
5. Verbindlichkeiten aus der Annahme gezogener Wechsel und der Ausstellung eigener Wechsel;
6. Verbindlichkeiten gegenüber verbundenen Unternehmen;
7. Verbindlichkeiten gegenüber Unternehmen, mit denen ein Beteiligungsverhältnis besteht;
8. sonstige Verbindlichkeiten,
davon aus Steuern,
davon im Rahmen der sozialen Sicherheit.

E. Rechnungsabgrenzungsposten

Abb. 14 Gliederung der Bilanz (§ 266 Abs. 2 und 3 HGB)

tet werden, wenn nach der Ausschüttung auf der Passivseite Gewinnrücklagen bzw. Gewinnvorträge mindestens in Höhe des Aktivwertes verbleiben (Ausschüttungssperre).

C. Anlagevermögen

Auf der Aktivseite der Bilanz des Kaufmanns wird das zu bilanzierende Vermögen unterteilt in das Anlagevermögen und das Umlaufvermögen. Es handelt sich dabei um Komplementärbegriffe. Ein Vermögensgegenstand ist entweder dem Anlagevermögen oder dem Umlaufvermögen zuzurechnen.

Vermögensgegenstände des Anlagevermögens sind nach der gesetzlichen Definition dazu bestimmt, dauernd dem Geschäftsbetrieb zu dienen *(§ 247 Abs. 2 HGB)*. Es handelt sich damit um Gebrauchsgüter, die für eine gewisse Dauer zur wiederholten Nutzung im Unternehmen verbleiben. Entscheidend für die Zuordnung zum Anlagevermögen respektive zum Umlaufvermögen ist die Zweckbestimmung bzw. die betriebliche Funktion des Vermögensgegenstandes. Diese kann sich sowohl aus der Eigenschaft der Sache als auch aus dem Willen des Kaufmanns ableiten lassen.

Anlagevermögen oder Umlaufvermögen?

So ist z.B. das Verwaltungsgebäude eines Immobilienunternehmens dem Anlagevermögen zuzurechnen, da dieses zur dauernden Nutzung durch das Unternehmen selbst bestimmt ist. Im Gegensatz dazu sind Immobilien, die das Unternehmen erwirbt, um diese im Rahmen seiner üblichen Geschäftstätigkeit weiter zu veräußern, in der Bilanz als Umlaufvermögen auszuweisen.

Die **Inventarisierung** der immateriellen Gegenstände des Anlagevermögens sowie der Sachanlagen erfolgt in einer Anlagenkartei, die insbesondere bei einem umfangreichen Anlagenbestand, in der Regel EDV-gestützt, geführt wird. In der Anlagenkartei sind die Vermögensgegenstände einzeln zu erfassen. Dabei sind insbesondere das Anschaffungsdatum, die Anschaffungskosten, die planmäßige Nutzungsdauer sowie der hierauf basierende Abschreibungsplan festzuhalten, nach dessen Maßgabe die Abschreibungen vorzunehmen sind.

Die **Bewertung** des Anlagevermögens, welches in seiner zeitlichen Nutzung begrenzt ist (abnutzbares Anlagevermögen), erfolgt zu Anschaffungskosten bzw. Herstellungskosten vermindert um planmäßige Abschreibungen.

Sowohl auf abnutzbare wie auch auf nicht abnutzbare Vermögensgegenstände des Anlagevermögens können darüber hinaus Abwertungen in Form von außerplanmäßigen Abschreibungen vorgenommen werden, um den Vermögensgegenstand mit dem Wert anzusetzen, der diesem am Abschlußstichtag beizulegen ist. Diese Kann-Bestimmung, die auch als **gemildertes Niederstwertprinzip** bezeichnet wird *(vgl. hierzu Kapitel 2.3)*, greift jedoch nur im Falle einer vorübergehenden Wertminderung. Sofern die Wertminderung voraussichtlich von Dauer ist, ist die Abwertung zwingend vorzunehmen.

Gemildertes Niederstwertprinzip

Eine vorübergehende Wertminderung ist bei festverzinslichen Wertpapieren denkbar, deren Börsenkurs am Bilanzstichtag aufgrund der Zinsentwicklung unter den Nominalwert gesunken ist. Sofern die Rückzahlung am Fälligkeitstag zum Normalwert erfolgt, wird der Kurs jedoch wieder bis zu diesem Tag auf die Höhe dieses Wertes ansteigen.

Auch wenn zu einem späteren Bewertungsstichtag die Gründe für eine außerplanmäßige Abschreibung weggefallen sind, besteht nach Handelsrecht für Nicht-Kapitalgesellschaften das Wahlrecht, den niedrigeren Wertansatz beizubehalten (**Beibehaltungswahlrecht**, *§ 253 Abs. 5 HGB*). Für Kapitalgesellschaften hingegen gilt in diesem Fall ein **Wertaufholungsgebot** (*§ 280 HGB*). Danach hat eine Zuschreibung auf die ursprünglichen AK/HK (abzüglich evtl. zwischenzeitlich angefallener planmäßiger Abschreibungen) zu erfolgen. Das Wertaufholungsgebot gilt inzwischen uneingeschränkt, da mit der Steuerreform 1999/2000/2001 auch im Ertragsteuerrecht ein Wertaufholungsgebot eingeführt worden ist.

Das Abschreibungsproblem

Abnutzbare Vermögensgegenstände des Anlagevermögens werden in der Regel über mehrere Perioden vom Unternehmen genutzt. Die zu Beginn der Nutzung getätigten Ausgaben zum Erwerb oder zur Herstellung des Vermögensgegenstandes stellen damit Aufwand für mehrere Perioden dar, der in Form von Abschreibungen auf die einzelnen Perioden zu verrechnen ist. Mit Hilfe der Abschreibungen werden damit die Anschaffungskosten bzw. Herstellungskosten aufwandswirksam auf den Zeitraum der Nutzung des Vermögensgegenstandes verteilt. Gleichzeitig erfolgt durch die Vornahme von Abschreibungen eine Wertangleichung des Vermögensgegenstandes, der infolge der Nutzung im Betrieb einer technischen, häufig aber auch einer wirtschaftlichen Abnutzung (z.B. durch Veralterung) unterliegt.

Im übrigen sind Abschreibungen nicht nur ein Aufwandsfaktor im Jahresabschluß eines Unternehmens. Sie haben auch einen Finanzierungseffekt durch die Freisetzung des im Anlagevermögen investierten Kapitals in Höhe der Abschreibungsgegenwerte. Der Wert eines Vermögensgegenstandes des Anlagevermögens in der Bilanz eines Kaufmanns ist seiner Höhe nach gerechtfertigt, wenn in eben dieser Höhe künftig Kapital wieder freigesetzt wird und an das Unternehmen zurückfließt. Dies geschieht bei Anlagegütern in der Regel nicht durch deren Verkauf, sondern durch deren Einsatz im Rahmen der betrieblichen Leistungserstellung. Eine Kapitalfreisetzung aus Abschreibungsgegenwerten ist dann gegeben, wenn die Erlöse nicht nur die übrigen betrieblichen Aufwendungen, sondern auch die Abschreibungen abdecken. Dies sei an folgendem Beispiel erläutert:

X Kapitalfreisetzung aus Abschreibungsgegenwerten

Der Betrieb erwirbt eine Maschine für 180.000 DM. Die Maschine kann für drei Jahre genutzt werden. In diesen drei Jahren werden jährlich für den Verkauf der mit dieser Maschine hergestellten Erzeugnisse Erlöse von 150.000 DM erzielt. Im übrigen fallen noch Herstellungsaufwendungen in Höhe von 70.000 DM jährlich an. Der **Gewinn**, den das Unternehmen aus der Maschine jährlich erzielt, läßt sich vereinfacht wie folgt darstellen:

Umsatzerlöse	150.000 DM
Herstellungsaufwendungen	– 70.000 DM
Abschreibungen	– 60.000 DM
Gewinn	20.000 DM

Die **Liquidität** entwickelt sich in den drei Jahren der Nutzung wie folgt:

Anfangsbestand 01	180.000 DM
Kauf der Maschine	– 180.000 DM
Einnahmen 01	+ 150.000 DM
Ausgaben 01	– 70.000 DM
Stand Ende 01	80.000 DM
Einnahmen 02	+ 150.000 DM
Ausgaben 02	– 70.000 DM
Stand Ende 02	160.000 DM
Einnahmen 03	+ 150.000 DM
Ausgaben 03	– 70.000 DM
Stand 03	240.000 DM

→

Obwohl das Unternehmen jährlich nur einen Gewinn von 20.000 DM erzielt hat, ist die Liquidität um 80.000 DM jährlich angewachsen. Der Zuwachs in Höhe von 60.000 DM jährlich entspricht den Abschreibungsgegenwerten, die in den Erlösen enthalten sind. Der jährliche **Liquiditätszuwachs** setzt sich mithin wie folgt zusammen:

Abschreibungsgegenwerte	60.000 DM
Gewinne	20.000 DM
Summe	80.000 DM

Freigesetzte Abschreibungsbeträge stehen aus betriebswirtschaftlicher Sicht dem Unternehmen grundsätzlich frei zur Verfügung und können zum Beispiel Verwendung finden für betriebliche Ersatzinvestitionen (Finanzierung aus Abschreibungen) oder für die Rückführung von Darlehen, die zur Finanzierung der Investition ursprünglich aufgenommen wurden.

Die Abschreibungsmethoden

Die Abschreibung von abnutzbaren Vermögensgegenständen des Anlagevermögens hat planmäßig zu erfolgen, d.h. die Abschreibungen müssen mit Hilfe eines **Abschreibungsplanes** im voraus festgelegt werden.
Als **Abschreibungsmethoden** sind gebräuchlich:

- lineare Abschreibung,
- geometrisch-degressive Abschreibung,
- Leistungsabschreibungen.

Bei der **linearen Abschreibung** werden die Anschaffungs-/Herstellungskosten in gleichbleibenden Beträgen über die Nutzungsdauer verteilt.
Die **geometrisch-degressive Abschreibung** führt zu fallenden Jahresbeträgen, indem ein gleichbleibender Prozentsatz jeweils auf den Restbuchwert angewandt wird. Zu dem Zeitpunkt, zu dem der nach der degressiven Methode ermittelte Jahresbetrag den nach der linearen Methode ermittelten Jahresbetrag unterschreitet, erfolgt ein Wechsel zur linearen Methode. Degressive Abschreibungen führen zu Beginn der Nutzungsdauer zu höheren Abschreibungsbeträgen als lineare Abschreibungen. Steuerlich darf der Satz für die degressive Abschreibung höchstens 30 % betragen. Die unterschiedlichen Auswirkungen der linearen und der degressiven Abschreibungsmethode sind anhand eines Zahlenbeispiels in *Abb. 15* dargestellt.

Anschaffungskosten: 2.400 DM
Nutzungsdauer: 8 Jahre

Jahr	Lineare Methode		Geometrisch-degressive Methode mit 30 %	
	Afa	RBW	Afa	RBW
1	300 DM	2.100 DM	800 DM	1.600 DM
2	300 DM	1.800 DM	480 DM	1.120 DM
3	300 DM	1.500 DM	336 DM	784 DM
4	300 DM	1.200 DM	157 DM	627 DM
5	300 DM	900 DM	157 DM	470 DM
6	300 DM	600 DM	157 DM	313 DM
7	300 DM	300 DM	157 DM	156 DM
8	300 DM	-	156 DM	-

Abb. 15 Vergleich von linearer und degressiver Abschreibung

Leistungsabschreibungen werden nach Maßgabe der tatsächlichen Beanspruchung der Anlagen ermittelt. Dies erfordert zunächst, die Gesamtleistung der Anlage zu bestimmen, um dann jährlich die Leistungsabgabe und die entsprechende technische Abnutzung der Anlage zu erfassen.

Gründe für eine **außerplanmäßige Abschreibung** liegen vor, wenn die Anschaffungs- bzw. Herstellungskosten des Anlagegutes abzüglich zwischenzeitlich vorgenommener Abschreibungen durch künftige Erlöse nicht mehr in der entsprechenden Höhe wiedergewonnen werden können. Dies ist zum Beispiel der Fall, wenn das Erzeugnis, welches auf einer Maschine hergestellt wird, nicht mehr marktgängig ist und daher künftig nicht mehr die Erlöse erzielt werden können, um die Abschreibungsgegenwerte zu verdienen. Die Abwertung hat dann auf einen eventuell noch zu erzielenden Verkaufserlös (gegebenenfalls auch auf Null) zu erfolgen.

Der Anlagenspiegel

In den einzelnen Positionen des Anlagevermögens der Bilanz werden lediglich die Restbuchwerte ausgewiesen. Diese entsprechen den ursprünglichen Anschaffungs- bzw. Herstellungskosten abzüglich der aufgelaufenen Abschreibungen. Um dem Bilanzleser darzulegen, zu welchen Anschaffungskosten bzw. Herstellungskosten die Vermögensgegenstände ursprünglich beschafft worden sind, haben Kapitalgesellschaften einen Anlagenspiegel aufzustellen, der entweder in die Bilanz oder (wie in der Praxis üblich) in den Anhang aufzunehmen ist. Darin sind für die einzelnen Positionen des Anlagevermögens die historischen Anschaffungs- und Herstellungskosten der Vermögensgegenstände und die darauf aufgelaufenen kumulierten Abschreibungen gesondert aufzuführen (Bruttodarstellung). Zur Verdeutlichung wird auf den Anlagenspiegel verwiesen, der im Rahmen des Musterfalls zur Bilanzanalyse aufgestellt wurde *(s. Kapitel 5.3 Abb. 22)*.

Nach der gesetzlichen Regelung *(§ 268 Abs. 2 HGB)* sind mindestens die Entwicklung der historischen Anschaffungskosten (Anfangsbestand, Zugänge, Umbuchungen, Abgänge, Endbestand) sowie die kumulierten Abschreibungen und die Abschreibungen des Geschäftsjahres gesondert aufzuführen.

Nach dem handelsrechtlichen Gliederungsschema wird das Anlagevermögen unterschieden in immaterielle Vermögensgegenstände, Sachanlagen und Finanzanlagen.

I. Immaterielle Vermögensgegenstände

Als immaterielle Vermögensgegenstände sind gesondert auszuweisen:

1. Konzessionen, gewerbliche Schutzrechte und ähnliche Rechte und Werte sowie Lizenzen an solchen Rechten und Werten;
2. Geschäfts- oder Firmenwert;
3. geleistete Anzahlungen.

Als immaterielle Vermögensgegenstände dürfen nur entgeltlich erworbene Werte erfaßt werden. Für selbstgeschaffene immaterielle Vermögensgegenstände, für die ein Ansatz zu Herstellungskosten denkbar wäre, besteht ein Aktivierungs**verbot**.

1. Unter **Konzessionen** fallen entgeltlich erworbene Rechte wie Schankkonzessionen, Sonderkonzessionen, Konzessionen für das Betreiben bestimmter Anlagen. **Gewerbliche Schutzrechte** und ähnliche Rechte sind Patente, Urheberrechte, Geschmacksmuster, Gebrauchsmuster, Warenzeichen.
   Sofern **Lizenzen** an solchen Rechten erworben wurden, sind diese ebenfalls unter dieser Position auszuweisen.

2. Bei einem **Geschäfts- oder Firmenwert** handelt es sich um den Unterschiedsbetrag, um den im Falle der Übernahme eines anderen Unternehmens die Gegenleistung den Wert der übernommenen Vermögensgegenstände abzüglich der

übernommenen Schulden übersteigt *(§ 255 Abs. 4 HGB)*. Ein solcher Mehrwert ist Ausdruck der Ertragskraft des übernommenen Unternehmens. Nach Handelsrecht besteht für einen entgeltlich erworbenen (derivativen) Firmenwert ein Aktivierungs**wahlrecht**. Im Falle einer Aktivierung soll dieser über eine Laufzeit von längstens vier Jahren abgeschrieben werden. Eine Abschreibung über eine eventuell längere Nutzungsdauer ist jedoch zulässig. Ein selbstgeschaffener (originärer) Geschäfts- oder Firmenwert, der Ausdruck der Ertragskraft des eigenen Unternehmens ist, darf nicht aktiviert werden (Aktivierungs**verbot**).
Für die **steuerliche** Gewinnermittlung besteht für einen derivativen Geschäfts- oder Firmenwert ein Aktivierungs**gebot**. Die Abschreibung hat in der Steuerbilanz über 15 Jahre zu erfolgen.

3. Unter den **geleisteten Anzahlungen** sind Vorleistungen zu erfassen, die auf den Erwerb von immateriellen Vermögensgegenständen geleistet worden sind.

II. Sachanlagen

Als Sachanlagen sind gesondert auszuweisen:

1. Grundstücke, grundstücksgleiche Rechte und Bauten einschließlich der Bauten auf fremden Grundstücken;
2. technische Anlagen und Maschinen;
3. andere Anlagen, Betriebs- und Geschäftsausstattung;
4. geleistete Anzahlungen und Anlagen im Bau.

1. Als **Grundstücke** sind alle bebauten und unbebauten Grundstücke auszuweisen, die wirtschaftlich im Eigentum des bilanzierenden Unternehmens stehen. **Grundstücksgleiche Rechte** sind z.B. das Erbbaurecht. Zu den **Bauten** zählen sowohl Gebäude als auch andere Bauten, die nicht unmittelbar dem Produktionsprozeß dienen wie Kanalbauten, Wasserbauten, Brücken, Parkplätze und Straßen. Bauten sind auch zu erfassen, wenn sich diese auf fremdem Grund und Boden befinden.

2. **Technische Anlagen und Maschinen** sind solche, die unmittelbar dem Produktionsprozeß dienen. Als Beispiele seien genannt Fertigungsmaschinen, Hochöfen, Transportanlagen, Tanks, Krane, Hafenanlagen, Rohrleitungen.

3. **Andere Anlagen** sowie die **Betriebs- und Geschäftsausstattung** dienen nicht unmittelbar dem Produktionsprozeß. Hierzu zählen vor allem Werkstatteinrich-

tungen, Büroeinrichtungen und -maschinen, Kraftfahrzeuge sowie Einbauten in fremde Gebäude.

4. Auf den Erwerb von Sachanlagen **geleistete Anzahlungen** sind gesondert auszuweisen. Sofern mit der Herstellung von Anlagen bereits begonnen worden ist, sind die angefallenen Herstellungskosten als **Anlagen im Bau** zu aktivieren. Mit der Fertigstellung erfolgt eine Umgliederung in die jeweilige Bilanzposition, der der Vermögensgegenstand zuzuordnen ist. Zu diesem Zeitpunkt kann auch erst mit der Vornahme planmäßiger Abschreibungen begonnen werden.

III. Finanzanlagen

Das Finanzanlagevermögen setzt sich zusammen aus:

1. Anteilen an verbundenen Unternehmen;
2. Ausleihungen an verbundene Unternehmen;
3. Beteiligungen;
4. Ausleihungen an Unternehmen, mit denen ein Beteiligungsverhältnis besteht;
5. Wertpapieren des Anlagevermögens;
6. sonstigen Ausleihungen.

1. Der Begriff des **verbundenen Unternehmens** umfaßt solche Mutter- und Tochterunternehmen, die grundsätzlich in ein und denselben Konzernabschluß einzubeziehen sind *(§§ 271, 290 HGB)*. Dies ist der Fall, wenn dem jeweiligen Mutterunternehmen bei dem jeweiligen Tochterunternehmen
   - die Mehrheit der Stimmrechte zusteht,
   - das Recht zusteht, die Mehrheit der Mitglieder des Verwaltungs-, Leitungs- oder Aufsichtsorgans zu bestellen oder abzuberufen, oder
   - das Recht zusteht, einen beherrschenden Einfluß aufgrund eines Beherrschungsvertrages oder einer Satzungsbestimmung des verbundenen Unternehmens auszuüben.

Der Begriff **Anteile** umfaßt Anteilsrechte an anderen Gesellschaften wie GmbH-Geschäftsanteile, Aktien, Anteile an Personenhandelsgesellschaften (OHG, KG) und Gesellschaften des bürgerlichen Rechts sowie stille Beteiligungen.
Die Bewertung von Anteilen erfolgt nach den allgemeinen Grundsätzen zu Anschaffungskosten abzüglich eventueller Wertminderungen. Maßgeblich für die Be-

wertung ist auch hier der zu erwartende Kapitalrückfluß aus der Beteiligung an dem anderen Unternehmen. Bei börsennotierten Aktien sind objektivierte Wertmaßstäbe in Form von Börsenkursen verfügbar. Schwierigkeiten bereitet die Ermittlung des Wertes einer Beteiligung bei nichtnotierten Anteilen. Grundsätzlich ist nach überwiegender Meinung der Ertragswert für nichtnotierte Anteile maßgeblich. Dieser entspricht dem Barwert der aus der Beteiligung zu erwartenden künftigen Kapitalrückflüsse. Letztere einzuschätzen erfordert eine Prognosebetrachtung, die zwangsläufig mit Unsicherheit behaftet ist.

2. Unter **Ausleihungen an verbundene Unternehmen** werden langfristige Forderungen gegenüber verbundenen Unternehmen ausgewiesen. Zu beachten ist, daß hier Ausleihungen an sämtliche Unternehmen eines Konzernverbundes im Sinne der vorerwähnten Definition zu erfassen sind, daß heißt nicht nur Ausleihungen an Tochtergesellschaften, sondern auch an Mutter- und Schwestergesellschaften innerhalb des Konzernverbundes.

   Die Bewertung erfolgt zum Nominalwert oder zum niedrigeren beizulegenden Wert. Dieser wird durch den voraussichtlichen Rückzahlungsbetrag bestimmt. Unverzinsliche bzw. niedrigverzinsliche Ausleihungen sind abzuzinsen, um dem Zinsverlust Rechnung zu tragen.

3. Bei **Beteiligungen** handelt es sich ebenfalls um Anteile am Gesellschaftskapital eines anderen Unternehmens. Die Anteile müssen dazu bestimmt sein, dem eigenen Geschäftsbetrieb durch Herstellung einer dauerhaften Verbindung zu dienen *(§ 271 Abs. 1 HGB)*. Bei einem Anteil von mehr als 20 % des Nennkapitals wird vermutet, daß es sich um eine Beteiligung im Sinne dieser Definition handelt.
   Für die Bewertung gelten die gleichen Grundsätze wie für Anteile an verbundenen Unternehmen.

4. Unter der Position **Ausleihungen an Unternehmen, mit denen ein Beteiligungsverhältnis besteht,** sind sowohl Ausleihungen an Unternehmen, die unter der Position Beteiligungen erfaßt sind, zu bilanzieren als auch Ausleihungen an Gesellschaften, die an dem bilanzierenden Unternehmen beteiligt sind.
   Für die Bewertung gelten die gleichen Grundsätze wie für Ausleihungen an verbundene Unternehmen.

5. Unter der Position **Wertpapiere des Anlagevermögens** sind alle Arten von Wertpapieren zu erfassen, wie z.B. Obligationen, Pfandbriefe, öffentliche Anleihen, aber auch Aktien und Kuxe. Wertpapiere des Anlagevermögens sind im Gegen-

satz zu Wertpapieren des Umlaufvermögens dazu bestimmt, dauernd dem Geschäftsbetrieb zu dienen. Aktien sind als Wertpapiere zu erfassen, wenn nicht die Absicht besteht, eine dauerhafte Verbindung im Sinne einer Beteiligung zu dem Unternehmen herzustellen.
Die Bewertung von Wertpapieren erfolgt zu Anschaffungskosten. Bei Kursschwankungen kann der niedrigere Tageskurs am Bilanzstichtag angesetzt werden. Bei einer voraussichtlich dauernden Wertminderung hat die Abwertung zwingend zu erfolgen.

6. Unter der Bilanzposition **sonstige Ausleihungen** werden langfristige Forderungen erfaßt, die nicht gegenüber einem verbundenen Unternehmen oder gegenüber einem Unternehmen bestehen, mit dem ein Beteiligungsverhältnis vorhanden ist. Für die Bewertung gelten die zu diesen Positionen genannten Grundsätze.

D. Umlaufvermögen

Vermögensgegenstände des Umlaufvermögens sind im Umkehrschluß zur gesetzlichen Definition des Anlagevermögens nicht dazu bestimmt, dauernd dem Geschäftsbetrieb zu dienen. Die Definition des Umlaufvermögens hat sich damit als Negativabgrenzung zum Anlagevermögen durchgesetzt. Es handelt sich um Vermögensgegenstände, die in der Regel zum Verbrauch oder zur Veräußerung bestimmt sind. Darüber hinaus fallen hierunter auch kurzfristige Forderungen und flüssige Mittel in Form von Geldbeständen und Bankguthaben. Die Zuordnung zum Umlaufvermögen ist nicht zuletzt maßgeblich für die Bewertung eines Vermögensgegenstandes. Auch für Vermögensgegenstände des Umlaufvermögens gelten als Wertobergrenze die Anschaffungskosten bzw. Herstellungskosten. Im Gegensatz zum Anlagevermögen gilt jedoch für das Umlaufvermögen das **strenge Niederstwertprinzip** (*vgl. auch Kapitel 2.3*). Danach sind Abwertungen vorzunehmen, wenn der aktuelle Börsen- oder Marktpreis oder der beizulegende Wert niedriger ist als die Anschaffungs- bzw. die Herstellungskosten.

Stellt sich zu einem späteren Zeitpunkt heraus, daß die Gründe für eine Abwertung nicht mehr bestehen, so sind diese durch entsprechende Zuschreibung rückgängig zu machen (**Wertaufholungsgebot,** *§ 280 HGB*). Dies gilt inzwischen uneingeschränkt, da mit der Steuerreform 1999/2000/2001 auch in den steuerlichen Bewertungsvorschriften ein Wertaufholungsgebot eingeführt worden ist.

I. Vorräte

Vorräte sind Vermögensgegenstände, die vom Unternehmen erworben oder hergestellt wurden und die zum Verbrauch im Rahmen der betrieblichen Leistungserstellung oder zur Weiterveräußerung bestimmt sind. Es werden unterschieden:

1. Roh-, Hilfs- und Betriebsstoffe;
2. unfertige Erzeugnisse, unfertige Leistungen;
3. fertige Erzeugnisse und Waren;
4. geleistete Anzahlungen.

1. **Rohstoffe** gehen bei einem Produktionsunternehmen als Hauptbestandteile, **Hilfsstoffe** als Nebenbestandteile in die Fertigung eines Produktes ein. **Betriebsstoffe** werden im Rahmen der Fertigung verbraucht ohne Bestandteil des Erzeugnisses zu werden (z.B. Schmierstoffe, Energie).

2. **Unfertige Erzeugnisse** stellen eine technische Vorstufe von Fertigerzeugnissen dar, für die bereits Herstellungsaufwand angefallen ist, und in die nach dem Abschlußstichtag bis zur Fertigstellung noch weitere Leistungen eingehen werden.

3. **Fertige Erzeugnisse** sind Bestände des Unternehmens, die durch die entsprechende Be- und Verarbeitung bereits Verkaufsreife erlangt haben.
   Handelswaren sind vom Unternehmen erworbene Bestände, die unmittelbar zur Weiterveräußerung bestimmt sind, ohne daß es einer weiteren Be- oder Verarbeitung bedarf.

4. Die unter dem Vorratsvermögen zu bilanzierenden **geleisteten Anzahlungen** sind Anzahlungen auf Bestellungen für Güter, die bei Lieferung im Vorratsvermögen auszuweisen sind.

Die Inventarisierung der Vorräte erfolgt durch körperliche Bestandsaufnahme, d.h. durch Messen, Zählen oder Wiegen der Bestände (**Inventur**). Eine vollständige Aufnahme des körperlichen Bestandes zum Abschlußstichtag kann bei umfangreichen Lagerbeständen häufig nicht mehr durchgeführt werden. Aus diesem Grunde sind zur Vereinfachung Methoden einer permanenten Inventur entwickelt worden.
Danach werden die Lagerbestände durch Erfassung der einzelnen Lagerbewegungen buchmäßig laufend fortgeschrieben (in der Regel EDV-gestützt). Der Bestand muß jedoch mindestens einmal im Jahr körperlich aufgenommen und mit dem

Buchbestand abgestimmt werden. Die Erfassung einzelner Bestände kann dabei zur Erleichterung über das Geschäftsjahr verteilt werden.

Das Vorratsvermögen ist nach den allgemeinen für das Umlaufvermögen geltenden Grundsätzen zu bewerten. **Bewertungsmaßstab** sind die Anschaffungskosten bzw. Herstellungskosten oder nach dem strengen Niederstwertprinzip der niedrigere Börsen- oder Marktpreis bzw. der niedrigere beizulegende Wert.

Eine Einzelbewertung von Vorräten ist in der Praxis häufig nicht möglich. Aus diesem Grunde sind abweichend vom Grundsatz der Einzelbewertung Verfahren der **Bewertungsvereinfachung** zulässig. Hierbei handelt es sich um Verfahren der Sammel- bzw. Gruppenbewertung einschließlich der Verbrauchsfolgeverfahren sowie der Ermittlung von Festwerten.

Als Sammelbewertungsverfahren ist die Ermittlung eines **gewogenen Durchschnittswertes** gebräuchlich. Danach wird für die Bestände aus verschiedenen Lieferungen oder Herstellungszeiträumen aus den unterschiedlichen Anschaffungskosten bzw. Herstellungskosten ein gewogener Durchschnittswert ermittelt.

Eine Bewertung mit dem gewogenen Durchschnittswert ist auch bei lediglich gleichartigen Vermögensgegenständen des Vorratsvermögens möglich, wenn diese zu einer Bewertungsgruppe zusammengefaßt werden (Gruppenbewertung).

Die sogenannten **Verbrauchsfolgeverfahren** (Fifo, Lifo) sind bereits in Kapitel 2.2 erläutert worden. Sie unterstellen eine bestimmte Reihenfolge des Verbrauchs der Vorratsbestände.

Beim **Lifo-Verfahren** (last in – first out), wird angenommen, daß die zuletzt beschafften Bestände zuerst das Lager verlassen und damit die zuerst angeschafften bzw. hergestellten Güter zum Stichtag noch im Bestand sind. In Zeiten steigender Preise führt diese Methode zu einem entsprechend niedrigeren Bilanzansatz, da die niedrigeren Einstandspreise der zuerst angeschafften Bestände der Bewertung zugrunde gelegt werden.

Die unterschiedlichen Auswirkungen der Bewertung von Vorratsbeständen nach Maßgabe des gewogenen Durchschnittswertes sowie der Fifo- und Lifo-Methode sind beispielhaft in *Abb. 16* dargestellt.

Ausgangsdaten

	Menge (Stück)	Einzelpreis (DM)
Anfangsbestand 01.01.	150	11
Zugang	350	14
Zugang	300	17
Abgang	400	
Abgang	150	
Endbestand 31.12.	250	

1. Bewertung zum gewogenen Durchschnittswert

Anfangsbestand	150 × 11 DM =	1.650 DM
	350 × 14 DM =	4.900 DM
	300 × 17 DM =	5.100 DM
	800 Stk.	11.650 DM

gewogener Durchschnittswert: $\frac{11.650 \text{ DM}}{800 \text{ Stk.}}$ = 14,56 DM/Stk.

Bestandswert = 250 Stk. × 14,56 DM = 3.640 DM

2. Bewertung zu Fifo

Bestandswert = 250 Stk. × 17 DM = 4.250 DM

3. Bewertung zu Lifo

Bestandswert =	150 Stk. × 11 DM	= 1.650 DM
	100 Stk. × 14 DM	= 1.400 DM
		3.050 DM

Abb. 16 Bewertung von Vorratsbeständen

Auch für das Vorratsvermögen gilt, daß der Ansatz in der Bilanz höchstens zu dem Wert erfolgen darf, der durch die künftigen Kapitalrückflüsse wiedergewonnen werden kann. In dem Zusammenhang wird auch von einer **verlustfreien Bewertung** gesprochen. Nach diesem Grundsatz darf beim Verkauf des Vermögensgegenstandes nach dem Bilanzstichtag kein Verlust entstehen. Dies ist der Fall, wenn der zu erwartende Verkaufserlös den Bilanzansatz zuzüglich der bis zum Verkauf noch entstehenden Kosten mindestens abdeckt. Folgendes Beispiel soll dies erläutern:

Verlustfreie Bewertung

Das bilanzierende Unternehmen hat zum Abschlußstichtag halbfertige Erzeugnisse im Bestand, für die bis zum Stichtag Herstellungskosten in Höhe von 120 DM pro Stück angefallen sind. Bis zur Fertigstellung werden nach dem Stichtag noch Herstellungskosten von 40 DM pro Stück anfallen. Die Herstellungskosten werden sich damit insgesamt auf 160 DM pro Stück belaufen. Aufgrund eines Preisverfalles am Markt wird das Erzeugnis lediglich zu einem Preis von 140 DM pro Stück verkauft werden können. Der voraussichtliche Verlust von 20 DM pro Stück ist nach dem Vorsichtsprinzip *(vgl. auch Kapitel 2.3)* bei der Bewertung zum Abschlußstichtag durch einen entsprechenden Wertabschlag bereits zu antizipieren. Das unfertige Erzeugnis darf höchstens zu 100 DM (120 – 20) pro Stück bilanziert werden.

Darüber hinaus werden Bestandsrisiken bei hohen Vorratsbeständen häufig durch sogenannte **Gängigkeitsabschläge** erfaßt. Die Risiken von zu umfangreichen Lagerbeständen liegen zum einen in einer eventuell abnehmenden Verkäuflichkeit, z.B. wegen einer Veralterung der Bestände. Zum anderen verursachen hohe Bestände zusätzliche Kosten der Lagerhaltung sowie einen Zinsverlust aufgrund der längeren Kapitalbindung.

II. Forderungen und sonstige Vermögensgegenstände

Der Begriff der Forderungen im bilanziellen Sinne umfaßt alle Forderungen im Rechtssinne mit Ausnahme von in Wertpapieren verbrieften Forderungen und von Bankguthaben.

Die **Bewertung** der Forderungen erfolgt nach den allgemein für das Umlaufvermögen geltenden Grundsätzen. Die Wertobergrenzen stellen bei den Forderungen die Nennwerte dar. Soweit die Einbringlichkeit einer Forderung zweifelhaft ist, hat nach dem strengen Niederstwertprinzip eine Abwertung auf den wahrscheinlichen Wert zu erfolgen. Uneinbringliche Forderungen sind vollständig abzuschreiben.

Innerhalb der Forderungen werden unterschieden:

1. Forderungen aus Lieferungen und Leistungen;
2. Forderungen gegen verbundene Unternehmen;
3. Forderungen gegen Unternehmen, mit denen ein Beteiligungsverhältnis besteht;
4. sonstige Vermögensgegenstände.

1. Unter **Forderungen aus Lieferungen und Leistungen** fallen sämtliche Forderungen, die aus der Umsatztätigkeit des bilanzierenden Unternehmens resultieren.

   Maßgeblich für die Bilanzierung einer Forderung ist der Entstehungszeitpunkt, der mit dem Zeitpunkt der Gewinnrealisierung grundsätzlich gleichzusetzen ist *(vgl. Kapitel 2.3)*.

   Auch die Bewertung der Kundenforderungen erfolgt zum Nominalwert. Zweifelhafte Forderungen sind durch Bildung von Einzelwertberichtigungen auf ihren wahrscheinlichen Wert abzuschreiben. Sofern in den Forderungen auch Umsatzsteuer enthalten ist, die vom Unternehmen in Rechnung gestellt und abgeführt worden ist, ist dieser Teil der Forderungen grundsätzlich werthaltig, da im Falle eines nachgewiesenen Forderungsverlustes die Umsatzsteuer vom Finanzamt rückvergütet wird.

   Darüber hinaus werden üblicherweise auch ohne erkennbare Einzelrisiken Pauschalwertberichtigungen gebildet, um dem allgemeinen Ausfallrisiko Rechnung zu tragen. Die Finanzverwaltung erkennt grundsätzlich ohne weiteren Einzelnachweis eine Pauschalabwertung von 1,5 % des Forderungsbestandes nach Abzug der darin enthaltenen Umsatzsteuer an.

2. Unter den **Forderungen gegen verbundene Unternehmen** sind sämtliche Ansprüche gegenüber verbundenen Unternehmen zu erfassen, sofern es sich nicht um Ausleihungen handelt, die unter den Finanzanlagen zu bilanzieren sind. Zum Begriff der verbundenen Unternehmen verweisen wir auf unsere dortigen Ausführungen (III. Finanzanlagen). Sofern es sich um Forderungen aus Lieferungen und Leistungen handelt, ist dies beim Bilanzposten zu vermerken oder im Anhang anzugeben. Umgekehrt kann in diesem Fall auch ein Ausweis unter den Forderungen aus Lieferungen und Leistungen erfolgen (mit dem entsprechenden Davon-Vermerk, daß es sich insoweit um Forderungen gegen verbundene Unternehmen handelt). Für die Bewertung gelten die allgemeinen Grundsätze für Vermögensgegenstände des Umlaufvermögens.

3. Für die **Forderungen gegen Unternehmen, mit denen ein Beteiligungsverhältnis besteht,** gelten die vorgenannten Ausführungen sinngemäß. Zum Begriff eines Beteiligungsverhältnisses verweisen wir auf unsere Erläuterungen zu den Finanzanlagen.

4. Unter der Sammelposition **„sonstige Vermögensgegenstände"** werden sämtliche Vermögensgegenstände des Umlaufvermögens ausgewiesen, die nicht unter einer anderen Bilanzposition des Umlaufvermögens zu erfassen sind. Hierunter fallen z.B. kurzfristige Darlehen, Gehaltsvorschüsse, Steuererstattungsansprüche, Kautionen und Rückkaufwerte von Lebensversicherungen. Für die Bewertung gelten die allgemeinen Grundsätze.

III. Wertpapiere

Unter den Wertpapieren des Umlaufvermögens sind alle Arten von Wertpapieren zu erfassen, die nicht dem Finanzanlagevermögen zuzurechnen sind. Es sind gesondert auszuweisen:

1. Anteile an verbundenen Unternehmen;
2. eigene Anteile;
3. sonstige Wertpapiere.

Die Bewertung erfolgt zu Anschaffungskosten. Entsprechend dem strengen Niederstwertprinzip sind Abwertungen zwingend vorzunehmen, wenn der Börsenkurs bzw. der beizulegende Wert am Bilanzstichtag niedriger ist als die Anschaffungskosten.

IV. Schecks, Kassenbestand, ...

Unter den **flüssigen Mitteln** sind Schecks, Kassenbestand, Bundesbank- und Postbankguthaben sowie Guthaben bei Kreditinstituten auszuweisen.

E. Rechnungsabgrenzungsposten

Bei den in der Bilanz des Kaufmanns sowohl auf der **Aktivseite** als auch auf der **Passivseite** auszuweisenden Rechnungsabgrenzungsposten handelt es sich weder um Vermögenspositionen noch um Kapitalpositionen. Die Rechnungsabgrenzungsposten sind transitorische Posten im engeren Sinne und dienen allein der periodengerechten Abgrenzung von Aufwendungen und Erträgen.

Rechnungsabgrenzungsposten auf der Aktivseite sind Ausgaben vor dem Abschlußstichtag, die Aufwand für eine bestimmte Zeit nach dem Stichtag darstellen. Hierunter fallen z.B. Vorauszahlungen für Versicherungen, Mieten, Beiträge, Zinsen, Honorare.

Rechnungsabgrenzungsposten der Passivseite sind entsprechend Einnahmen vor dem Abschlußstichtag, die Ertrag für eine bestimmte Zeit nach dem Bilanzstichtag sind.

Für ein sogenanntes **Disagio** besteht gem. § 250 HGB ein Aktivierungs**wahlrecht**. Ein Disagio ist zu verzeichnen, wenn der Rückzahlungsbetrag einer Verbindlichkeit höher ist als der Auszahlungsbetrag. Im Falle einer Aktivierung ist das Disagio über die Laufzeit der Verbindlichkeit planmäßig abzuschreiben. Die Abschreibungen haben Zinscharakter und sind entsprechend als Zinsaufwand zu erfassen. Wird von der Möglichkeit der Aktivierung kein Gebrauch gemacht, ist das Disagio im Jahr der Auszahlung der Verbindlichkeit in voller Höhe als Zinsaufwand zu erfassen. Für die steuerliche Gewinnermittlung besteht für ein Disagio Aktivierungs**pflicht.** Eine sofortige Verrechnung als Aufwand ist in der Steuerbilanz nicht zulässig.

Darüber hinaus hat eine Kapitalgesellschaft das **Wahlrecht**, als Bilanzierungshilfe auf der Aktivseite einen Abgrenzungsposten für **aktive latente Steuern** zu bilden. Hierbei handelt es sich um einen latenten Steuererstattungsanspruch, der entsteht, wenn gewisse Aufwendungen der Handelsbilanz den steuerlichen Gewinn nicht mindern dürfen. Als Beispiel seien die Aufwandsrückstellungen genannt, für die in der Steuerbilanz ein Passivierungsverbot besteht. Diese Aufwendungen mindern den steuerlichen Gewinn erst in dem Geschäftsjahr, in dem sie konkret zur Ausgabe führen. In Höhe der im Jahr der Ausgabe zu erwartenden Minderung der Steuerbelastung kann im Jahr der Bildung der Aufwandsrückstellung ein aktiver Ausgleichsposten gebildet werden. Die Zuführung erfolgt durch Entlastung des Aufwandes für Ertragsteuern. Damit wird im Jahr der Bildung des Postens der Steueraufwand dem handelsrechtlichen Ergebnis angepaßt. Die Bildung des Ausgleichspostens ist nur zulässig, wenn die Berücksichtigung des Aufwandes in Handelsbilanz und Steuerbilanz lediglich zeitversetzt ist („timing-differences“) und in Zukunft tatsächlich mit einer Entlastung des Steueraufwandes in dieser Höhe zu rechnen ist.

3.1.2 Bilanzierung und Bewertung der Passiva

A. Eigenkapital

Das Eigenkapital entspricht dem Kapital, welches der Eigentümer (Anteilseigner) dem Unternehmen von außen zugeführt bzw. dem Unternehmen belassen hat. Es entspricht damit zugleich dem Reinvermögen als dem Saldo aus Aktivvermögen und Schulden. Das Eigenkapital verändert sich von einem Bilanzstichtag zum anderen aufgrund von Kapitalzuführungen durch die Gesellschafter/Anteilseigner (Einlagen), durch Kapitalrückzahlungen an die Gesellschafter/Anteilseigner (Entnahmen, Gewinnausschüttungen) sowie aufgrund von Vermögensmehrungen durch Gewinne bzw. Vermögensminderungen durch Verluste.

In der Bilanz der Kapitalgesellschaft werden innerhalb des Eigenkapitals folgende Posten unterschieden:

I. Gezeichnetes Kapital
II. Kapitalrücklagen
III. Gewinnrücklagen
  1. gesetzliche Rücklage;
  2. Rücklage für eigene Anteile;
  3. satzungsmäßige Rücklagen;
  4. andere Rücklagen;
IV. Gewinnvortrag/Verlustvortrag
V. Jahresüberschuß/Jahresfehlbetrag

I. Gezeichnetes Kapital

Das gezeichnete Kapital entspricht bei einer AG/KGaA dem Grundkapital und bei einer GmbH dem Stammkapital der Gesellschaft. Unter dem gezeichneten Kapital ist allein der Nominalbetrag der Aktien bzw. der Geschäftsanteile auszuweisen. Das entspricht damit dem im Handelsregister als Haftkapital eingetragenen Betrag. Sofern bei der Ausgabe von Aktien bzw. von Geschäftsanteilen ein Aufgeld bezahlt worden ist, wird dieses unter der Position Kapitalrücklagen ausgewiesen.

II. Kapitalrücklagen

Die Kapitalrücklagen umfassen mithin sämtliche Zuzahlungen, die von den Gesellschaftern geleistet worden sind und die nicht gezeichnetes Kapital darstellen. Im einzelnen sind gem. § 272 Abs. 2 HGB als Kapitalrücklage auszuweisen:

1. Beträge, die bei der Ausgabe von Anteilen einschließlich von Bezugsanteilen über den Nennbetrag hinaus erzielt werden;
2. Beträge, die bei der Ausgabe von Schuldverschreibungen für Wandelrechte und Optionsrechte zum Erwerb von Anteilen erzielt werden;
3. Zuzahlungen, die Gesellschafter gegen Gewährung eines Vorzugs für Anteile leisten;
4. andere Zuzahlungen, die Gesellschafter in das Eigenkapital leisten.

Die bilanzielle Erfassung einer Kapitalerhöhung durch Ausgabe von Aktien soll an folgendem Beispiel erläutert werden:

Kapitalerhöhung durch Aktienausgabe

Die X-AG hat ein Grundkapital von 10 Mio. DM, welches sich aus zwei Millionen Stück Aktien zum Nominalwert von 5 DM zusammensetzt. Die Hauptversammlung beschließt eine Kapitalerhöhung um nominal 5 Mio. DM durch Ausgabe von weiteren eine Million Stück Aktien. Die Erwerber der Aktien müssen ein Aufgeld von 20 DM pro Stück, d.h. einen Preis von insgesamt 25 DM pro Stück bezahlen. Dem Unternehmen fließen damit insgesamt 25 Mio. DM zu. Hiervon werden 5 Mio. DM in der Position gezeichnetes Kapital erfaßt und die verbleibenden 20 Mio. DM in die Kapitalrücklage eingestellt.

III. Gewinnrücklagen

Gewinnrücklagen werden aus Vermögensmehrungen gebildet, die aus Gewinnen des Unternehmens der Vergangenheit stammen.

Für Aktiengesellschaften besteht gem. § 150 AktG die Verpflichtung, eine **gesetzliche Rücklage** zu bilden. Danach sind jährlich 5 % des Jahresüberschusses vermindert um den Verlustvortrag aus dem Vorjahr in die gesetzliche Rücklage einzustellen, bis diese zusammen mit der Kapitalrücklage 10 % des Grundkapitals beträgt.

Die gesetzliche Rücklage sowie die Kapitalrücklagen der oben dargelegten Unterpositionen 1. bis 3. dürfen nur nach Maßgabe folgender Regelung von den Gesellschaftern entnommen werden:
Sofern beide zusammen zehn vom Hundert des Grundkapitals nicht überschreiten, dürfen sie nur zum Ausgleich eines Jahresfehlbetrages oder eines Verlustvortrages aus dem Vorjahr verwendet werden, soweit eine Verrechnung der Fehlbeträge mit anderen Gewinnrücklagen nicht möglich ist. Der Betrag, der zehn vom Hundert des

Grundkapitals überschreitet, kann darüber hinaus zu einer Kapitalerhöhung aus Gesellschaftsmitteln Verwendung finden.

Erwirbt das bilanzierende Unternehmen eigene Anteile, so hat es in entsprechender Höhe eine **Rücklage für eigene Anteile** zu bilden. Diese soll verhindern, daß die in Höhe der eigenen Anteile bilanzierten Gegenwerte an die Anteilseigner ausgeschüttet werden (Ausschüttungssperre).

Satzungsmäßige Rücklagen werden aufgrund von Regelungen in der Satzung bzw. des Gesellschaftsvertrages des bilanzierenden Unternehmens gebildet.

Unter den **anderen Rücklagen** werden die Gewinnrücklagen erfaßt, die nicht unter den übrigen Posten auszuweisen sind.

IV. Gewinnvortrag/Verlustvortrag

Der Gewinnvortrag entspricht den kumulierten Gewinnen der Vergangenheit, soweit diese nicht in die Gewinnrücklagen eingestellt oder ausgeschüttet worden sind. Aufgelaufene Verluste der Vergangenheit werden als Verlustvortrag ausgewiesen, sobald diese den Gewinnvortrag übersteigen.

V. Jahresüberschuß/Jahresfehlbetrag

Diese entsprechen dem Ergebnis des abgelaufenen Geschäftsjahres und sind übereinstimmend mit dem entsprechenden Betrag der Gewinn- und Verlustrechnung auszuweisen.

Darüber hinaus hat eine Kapitalgesellschaft die Möglichkeit, die Bilanz unter Berücksichtigung einer vollständigen oder teilweisen Verwendung des Jahresergebnisses aufzustellen. Dann ist in der Gewinn- und Verlustrechnung im Anschluß an die Position Jahresüberschuß/Jahresfehlbetrag die Fortschreibung zum **Bilanzgewinn** wie folgt vorzunehmen:

Jahresüberschuß/Jahresfehlbetrag
+ Gewinnvortrag/Verlustvortrag
+ Entnahmen aus den Kapitalrücklagen
+ Entnahmen aus den Gewinnrücklagen
– Einstellung in die Gewinnrücklagen
= Bilanzgewinn

In der Bilanz wird der Bilanzgewinn in entsprechender Höhe übernommen. Der Ausweis der Positionen Gewinnvortrag/Verlustvortrag und Jahresüberschuß/Jahresfehlbetrag entfällt.

Sofern das vorhandene Eigenkapital durch aufgelaufene Verluste aufgezehrt ist und die Schuldposten der Passivseite die Aktiva übersteigen, wird auf der Aktivseite in Höhe des Unterschiedsbetrages ein **nicht durch Eigenkapital gedeckter Fehlbetrag** ausgewiesen.

In der Bilanz des **Einzelkaufmanns** wird das Eigenkapital wie folgt dargestellt:

  Anfangsbestand zu Beginn des Geschäftsjahres
\+ Einlagen
– Entnahmen
\+ Gewinn/Verlust des Geschäftsjahres
= Endbestand zum Ende des Geschäftsjahres

Die Einlagen und Entnahmen sind gesondert darzustellen, da die dadurch verursachten Mehrungen und Minderungen des Reinvermögens bei der Gewinnermittlung durch den Betriebsvermögensvergleich zu eliminieren sind (vgl. die Gewinndefinition auf S. 16).

Bei einer **Personengesellschaft** ist das Eigenkapital der Rechtsform entsprechend zu gliedern. Zu unterscheiden sind Offene Handelsgesellschaften (OHG) sowie Kommanditgesellschaften (KG). Die Gesellschafter einer OHG haften grundsätzlich unbeschränkt für die Verpflichtungen der Gesellschaft. Bei der KG sind zu unterscheiden die persönlich haftenden Gesellschafter, die mit ihrem gesamten Vermögen für die Verpflichtungen der Gesellschaft haften, sowie die Kommanditisten, deren Haftung auf die im Handelsregister eingetragene Hafteinlage begrenzt ist. Dementsprechend werden die Eigenkapitalanteile der persönlich haftenden Gesellschafter und der Kommanditisten gesondert dargestellt:

I. Persönlich haftende Gesellschafter
  1. Variables Kapital;
  2. Festkapital;
  3. Entnahmen;
  4. Einlagen;

II. Kommanditisten
1. Kapital;
2. Gewinnvortrag/Verlustvortrag;
3. Entnahmen;
4. Einlagen;
III. Jahresüberschuß

Die Gliederung ist zu einem Teil abhängig von Festlegungen im Gesellschaftsvertrag. So werden häufig auch die persönlich haftenden Gesellschafter verpflichtet, ein fest vereinbartes Kapital in die Gesellschaft einzuzahlen, welches dementsprechend gesondert ausgewiesen wird. Die Veränderungen durch Entnahmen und Einlagen sowie durch Gewinn- und Verlustanteile werden beim Übertrag in das neue Geschäftsjahr mit dem variablen Kapitalkonto verrechnet.
Beim Eigenkapital der Kommanditisten entspricht die Position 1 dem Haftkapital. Nicht entnommene Gewinne sowie aufgelaufene Verlustanteile werden gesondert fortgeschrieben. Gewinne dürfen nur entnommen werden, wenn ein eventueller Verlustvortrag ausgeglichen worden ist.

B. Sonderposten mit Rücklageanteil

Beim Sonderposten mit Rücklageanteil handelt es sich um eine Passivposition, die für Zwecke der Ertragsteuern in der Handelsbilanz gebildet werden darf. Dabei kann es sich zum einem um sogenannte unversteuerte Rücklagen handeln, die nach Maßgabe des Ertragsteuerrechts gebildet werden dürfen, wie z.B. die Rücklage nach § 6 b EStG oder nach Abschnitt 35 der Einkommensteuerrichtlinien.
Zum anderen kann es sich um Abschreibungen auf Vermögensgegenstände des Anlagevermögens und Umlaufvermögens handeln, die allein aus ertragsteuerlichen Gründen gebildet wurden, ohne einen tatsächlichen Wertverlust darzustellen. Hierunter fallen z.B. sogenannte Sonderabschreibungen. Diese können alternativ direkt als Minderung des Aktivwertes des Vermögensgegenstandes oder indirekt auf der Passivseite als Sonderposten ausgewiesen werden.

Beiden Inhalten ist gemein, daß durch die Bildung des Sonderpostens in dieser Höhe Gewinnanteile zunächst der Besteuerung entzogen werden. Erst zu einem späteren Zeitpunkt ist der Sonderposten erfolgswirksam aufzulösen und damit der Ertragsbesteuerung zu unterwerfen.

Die Auflösung der steuerfreien Rücklagen erfolgt nach Maßgabe der jeweiligen steuerlichen Vorschrift. Im Falle der steuerlichen Abschreibungen wird der Sonderposten über die Nutzungsdauer des Vermögensgegenstandes, auf den die Abschreibung vorgenommen wurde, erfolgswirksam aufgelöst.

Der Sonderposten ist eine Mischposition mit einem Eigenkapital- und Fremdkapitalanteil. Der Fremdkapitalanteil entspricht der Höhe der künftigen Steuerbelastung, die aus dem Ertrag aus der Auflösung des Sonderpostens resultieren wird.

Fremdkapital

Das Fremdkapital setzt sich zusammen aus Rückstellungen und Verbindlichkeiten und ist damit grundsätzlich dem bilanzrechtlichen Schuldbegriff gleichzusetzen. Eine Ausnahme hierzu bilden die Aufwandsrückstellungen, deren Charakter durch den Schuldbegriff nicht erfaßt wird.

Schulden sind Verpflichtungen des bilanzierenden Unternehmens, denen es sich aus rechtlichen oder tatsächlichen Gründen nicht entziehen kann und die ihre Ursache in der Vergangenheit haben. Es muß sich um eine Außenverpflichtung mit einem Leistungszwang gegenüber Dritten handeln, die zu einer wirtschaftlichen Belastung führt und die mit hinreichender Wahrscheinlichkeit sich in der Zukunft auch konkretisieren wird.

Verbindlichkeiten sind Verpflichtungen, die dem Grunde und der Höhe nach gewiß sind. Eine Verpflichtung ist als Rückstellung zu passivieren, wenn die Belastung dem Grunde oder der Höhe nach noch ungewiß ist, mit der Belastung jedoch mit hinreichender Wahrscheinlichkeit zu rechnen ist.

Eine **wirtschaftliche Belastung** liegt vor, wenn künftigen Vermögensabgängen keine Vermögenszugänge in mindestens gleicher Höhe gegenüberstehen.

C. Rückstellungen

In der Bilanz des Kaufmanns sind zu unterscheiden Rückstellungen im Sinne des bilanzrechtlichen Schuldbegriffs sowie Aufwandsrückstellungen *(§ 249 HGB)*. Unter den Schuldbegriff fallen die Rückstellungen für ungewisse Verbindlichkeiten sowie für drohende Verluste aus schwebenden Geschäften. Für diese Rückstellungen besteht nach Handelsrecht eine Passivierungspflicht.

Ungewisse Verbindlichkeiten sind Verpflichtungen gegenüber fremden Dritten, die dem Grunde oder der Höhe nach noch ungewiß sind.

Schwebende Geschäfte sind auf Leistungsaustausch gerichtete Verträge, bei denen die Lieferung oder Leistung noch nicht voll erbracht worden ist. Droht aus einem solchen Geschäft aus Sicht des bilanzierenden Kaufmanns ein Verpflichtungsüberschuß, so ist in Höhe des **drohenden Verlustes** eine Rückstellung zu bilden. Zur Verdeutlichung wird das Beispiel abgewandelt, welches zur Erörterung der Grundsätze der verlustfreien Bewertung von Vorräten dargelegt worden ist *(vgl. S. 58)*.

Rückstellungsbildung bei drohendem Verlust

Das bilanzierende Unternehmen hat sich verpflichtet, ein Produkt, für welches insgesamt Herstellungskosten in Höhe von 160 DM pro Stück anfallen, für einen Preis von 140 DM pro Stück zu verkaufen. Wenn das Unternehmen am Bilanzstichtag die vertragliche Verpflichtung bereits eingegangen ist, jedoch mit der Herstellung des Produktes noch nicht begonnen hat, handelt es sich um ein schwebendes Geschäft. In Höhe des drohenden Verlustes von 20 DM pro Stück ist eine Rückstellung zu bilden.

Die systematische Grundlage für die Pflicht zur Bildung von Drohverlustrückstellungen bildet das Imparitätsprinzip, wonach Verluste bereits in der Bilanz des Kaufmanns zu erfassen sind, wenn die wirtschaftliche Ursache (die in unserem Beispiel in der vertraglich eingegangenen Verpflichtung besteht) in der Zeit vor dem Bilanzstichtag zu finden ist.

Aufwandsrückstellungen unterscheiden sich von den Rückstellungen für ungewisse Verbindlichkeiten und für drohende Verluste aus schwebenden Geschäften dadurch, daß sie nicht eine Außenverpflichtung erfassen sollen. Durch die Bildung von Aufwandsrückstellungen werden bestimmte künftige Aufwendungen bereits im Jahresabschluß berücksichtigt, wenn diese wirtschaftlich der Zeit vor dem Abschlußstichtag, gegebenenfalls auch früheren Geschäftsjahren, zugeordnet werden können. Die Aufwendungen müssen ihrer Eigenart nach genau beschrieben und hinreichend wahrscheinlich sein.

Unter die Aufwandsrückstellungen fallen auch die Rückstellungen für unterlassene Instandhaltungen und für Abraumbeseitigungen. Rückstellungen für unterlassene Instandhaltungen sind zu bilden, wenn die Maßnahme innerhalb der ersten drei Monate des neuen Geschäftsjahres nachgeholt wird. Hintergrund der **Passivierungspflicht** ist die Vermutung, daß die Instandhaltungsmaßnahme bereits am Bilanzstichtag erforderlich gewesen ist. Aus diesem Grunde soll der Aufwand noch im abgelaufenen Geschäftsjahr erfaßt werden.

Für Abraumbeseitigungen sind Rückstellungen zu bilden, wenn die Aufwendungen innerhalb eines Jahres nach dem Abschlußstichtag nachgeholt werden.

Im übrigen besteht für Aufwandsrückstellungen lediglich ein **Passivierungswahlrecht**. Hierunter fallen insbesondere Rückstellungen für Großreparaturen, die regelmäßig und in zeitlich größerem Abstand anfallen. So steht der laufende Verschleiß einer Produktionsanlage mit den Erträgen der jeweiligen Periode in einem inneren Zusammenhang. Der Aufwand für eine Generalüberholung, die erst nach Ablauf von einigen Jahren durchgeführt wird, wird durch die Bildung einer entsprechenden Rückstellung zeitanteilig auf die Perioden bis zur Durchführung der Maßnahme verrechnet.

Die **Bewertung** von Rückstellungen darf nur in Höhe des Betrages erfolgen, der nach vernünftiger kaufmännischer Beurteilung notwendig ist *(§ 253 Abs. 1 HGB)*.

Die **Zuführung** zu einer Rückstellung erfolgt jeweils zu Lasten der Aufwandsart in der Gewinn- und Verlustrechnung, für die die Rückstellung zu bilden ist. So wäre zum Beispiel in Höhe einer Urlaubsrückstellung der Personalaufwand belastet.

Für die **steuerliche** Gewinnermittlung sind grundsätzlich nur die Rückstellungen anerkannt, für die nach Handelsrecht eine Passivierungs**pflicht** besteht. Sofern lediglich ein Passivierungs**wahlrecht** besteht, darf der Aufwand aus der Bildung der Rückstellung den steuerlichen Gewinn nicht mindern. Darüber hinaus dürfen seit 1997 auch Rückstellungen für drohende Verluste aus schwebenden Geschäften in der Steuerbilanz nicht mehr gebildet werden.

Das handelsrechtliche Gliederungsschema unterscheidet folgende **Rückstellungspositionen**:

1. Rückstellungen für Pensionen und ähnliche Verpflichtungen;
2. Steuerrückstellungen;
3. sonstige Rückstellungen.

1. **Rückstellungen für Pensionen und ähnliche Verpflichtungen** betreffen Versorgungszusagen des Unternehmens im Rahmen einer betrieblichen Altersversorgung. Sie sind für laufende Pensionen und für Anwartschaften zu bilden.
   Die Bewertung erfolgt zum Barwert der künftigen Auszahlungsverpflichtungen,

der nach versicherungs-mathematischen Grundsätzen zu ermitteln ist. Dabei werden neben Zinseszinsen unter anderem auch Lebenswahrscheinlichkeiten und das Risiko der Invalidität berücksichtigt.

2. Unter den **Steuerrückstellungen** sind sämtliche Steuerschulden auszuweisen, die entweder dem Grunde oder der Höhe nach noch nicht abschließend festgesetzt sind.

3. Unter die **sonstigen Rückstellungen** fallen alle übrigen Rückstellungen, die nicht unter den vorerwähnten Posten auszuweisen sind. Beispielhaft seien aufgeführt Rückstellungen für Gewährleistungen, Prozeßrisiken, Gratifikationen, noch nicht genommener Urlaub, Jahresabschlußkosten, Berufsgenossenschaftsbeiträge, ausstehende Rechnungen sowie Risiken im Auftragsbestand im Sinne einer Drohverlustrückstellung.

D. Verbindlichkeiten

Verbindlichkeiten sind gegenüber Außenstehenden bestehende Verpflichtungen des bilanzierenden Unternehmens, die dem Grunde und der Höhe nach feststehen.

Verbindlichkeiten sind grundsätzlich zum **Rückzahlungsbetrag** zu **bewerten.** Dies gilt auch für niedrigverzinsliche oder unverzinsliche Verbindlichkeiten.

Das handelsrechtliche Gliederungsschema unterscheidet unter den Verbindlichkeiten folgende **Bilanzpositionen:**

1. Anleihen;
2. Verbindlichkeiten gegenüber Kreditinstituten;
3. erhaltene Anzahlungen auf Bestellungen;
4. Verbindlichkeiten aus Lieferungen und Leistungen;
5. Verbindlichkeiten aus der Annahme gezogener Wechsel und der Ausstellung eigener Wechsel;
6. Verbindlichkeiten gegenüber verbundenen Unternehmen;
7. Verbindlichkeiten gegenüber Unternehmen, mit denen ein Beteiligungsverhältnis besteht;
8. sonstige Verbindlichkeiten.

1. **Anleihen** sind Schulden des Unternehmens, die durch ein Wertpapier verbrieft sind (Schuldverschreibungen).

2. Unter den **Verbindlichkeiten gegenüber Kreditinstituten** sind sämtliche Bankverbindlichkeiten auszuweisen.

3. **Erhaltene Anzahlungen auf Bestellungen** sind Leistungen eines Abnehmers des bilanzierenden Unternehmens, für die die Lieferung oder Leistung seitens des Unternehmens noch zu erbringen ist. Sofern die erhaltenen Anzahlungen Vorräte betreffen, können diese auch offen von den Vorräten auf der Aktivseite als Negativbetrag abgesetzt werden. Übersteigen die erhaltenen Anzahlungen den Wert der Vorratsbestände, ist der übersteigende Betrag auf der Passivseite auszuweisen.

4. **Verbindlichkeiten aus Lieferungen und Leistungen** sind Verpflichtungen, die im Rahmen des normalen Geschäftsverkehrs aus erhaltenen Lieferungen und Leistungen entstanden sind.

5. **Verbindlichkeiten aus der Annahme gezogener Wechsel und der Ausstellung eigener Wechsel** entstehen mit der Weitergabe eines Wechsels. Sofern zuvor die Verpflichtung als Lieferantenverbindlichkeit erfaßt war, hat eine Umbuchung in Höhe des Wechselbetrages zu erfolgen.

6. Zu den **Verbindlichkeiten gegenüber verbundenen Unternehmen** sowie den

7. **Verbindlichkeiten gegenüber Unternehmen, mit denen ein Beteiligungsverhältnis besteht**, gelten die Ausführungen zu dem gleichlautenden Forderungsposten entsprechend.

8. **Sonstige Verbindlichkeiten** sind ebenfalls eine Sammelposition für Verbindlichkeiten, die ihrer Art nach nicht unter die anderen Posten fallen. Hierunter sind z.B. auszuweisen Verbindlichkeiten aus der Lohn- und Gehaltsabrechnung, Steuerschulden, die dem Grunde und der Höhe nach bereits feststehen, sowie Darlehen, die nicht unter den anderen Verbindlichkeitsposten auszuweisen sind. Als Davon-Vermerk sind gesondert anzugeben die Verbindlichkeiten aus Steuern und die Verbindlichkeiten im Rahmen der sozialen Sicherheit.

Haftungsverhältnisse

Unter der Bilanz oder wahlweise im Anhang sind die sogenannten Haftungsverhältnisse der Gesellschaft zu vermerken. Hierbei handelt es sich um Eventualverbindlichkeiten, die für die bilanzierende Gesellschaft aufgrund eingegangener Verpflichtungen ein potentielles Risiko darstellen. Als Beispiel sei eine Bürgschaftsverpflichtung genannt, die das bilanzierende Unternehmen für eine Verbindlichkeit eines Dritten eingegangen ist. Die folgenden vier Gruppen sind zu unterscheiden und gesondert anzugeben:

1. Verbindlichkeiten aus der Begebung und Übertragung von Wechseln;
2. Verbindlichkeiten aus Bürgschaften, Wechsel- und Scheckbürgschaften;
3. Verbindlichkeiten aus Gewährleistungsverträgen;
4. Haftung aus der Bestellung von Sicherheiten für fremde Verbindlichkeiten.

Der Vermerk unterhalb der Bilanz (oder im Anhang) hat zu erfolgen, solange die Verpflichtung besteht und nicht mit einer Inanspruchnahme zu rechnen ist. Die Angabepflicht besteht auch im Falle eventuell bestehender Rückgriffsrechte. Sofern für das bilanzierende Unternehmen tatsächlich eine Inanspruchnahme aus einer solchen Verpflichtung droht, ist das Risiko als Rückstellung für ungewisse Verbindlichkeiten bzw. als konkrete Verbindlichkeit zu passivieren.

3.2 Die Gewinn- und Verlustrechnung

Im ersten Kapitel haben wir dargelegt, daß der in der Bilanz ausgewiesene Gewinn oder Verlust eines Geschäftsjahres allein auf der Grundlage eines Betriebsvermögensvergleichs ermittelt werden kann. Mit Hilfe der Gewinn- und Verlustrechnung (GuV) werden nunmehr die Ursachen (Erfolgsquellen) für die Mehrung oder Minderung des Reinvermögens dargestellt, in dem die Aufwendungen und Erträge der abgelaufenen Periode einander gegenübergestellt werden.

Nach dem Handelsrecht besteht die Möglichkeit, zwischen zwei Gliederungsformen der GuV zu wählen:
- Gesamtkostenverfahren
- Umsatzkostenverfahren *(Abb. 17, S. 74)*.

In beiden Schemata werden die Erfolgsquellen unterschieden nach den Quellen des ordentlichen Betriebserfolges, des Finanzerfolges und des außerordentlichen Erfolges.

Gesamtkostenverfahren

Das Gesamtkostenverfahren ist dadurch gekennzeichnet, daß als Ertrag nicht nur die abgesetzten Leistungen (Umsatzerlöse) ausgewiesen werden. Darüber hinaus werden als Ertrag bzw. als Aufwand in der Position 2 auch die Veränderungen des Wertes der hergestellten, aber noch nicht abgesetzten Leistungen sowie in der Position 3 als Ertrag der Wert der Leistungen ausgewiesen, die als aktivierte Eigenleistungen im Unternehmen verbleiben. Zusammen mit den sonstigen betrieblichen Erträgen bilden diese Posten die gesamte betriebliche Leistung, der die gesamten betrieblichen Aufwendungen (Gesamtkosten) gegenübergestellt werden.

1. In den **Umsatzerlösen** sind nur Erträge aus der betrieblichen Haupttätigkeit auszuweisen (Erlöse aus dem Verkauf von Waren und Dienstleistungen). Die Umsatzerlöse entsprechen den um Erlösschmälerungen wie Skonti, Boni und Rabatte geminderten Nettoerlösen eines Geschäftsjahres.

2. Sofern das Unternehmen im Geschäftsjahr fertige und unfertige Erzeugnisse produziert hat, die zum Jahresende noch im Bestand sind, wird durch den Ertrag aus der **Bestandserhöhung** der hierfür angefallene Herstellungsaufwand, der in den nachfolgenden Positionen als Materialaufwand, Personalaufwand, Abschreibungen und sonstiger betrieblicher Aufwand erfaßt ist, neutralisiert. Verkauft das Unternehmen Erzeugnisse, die aus Produktionen früherer Peri-

Gesamtkostenverfahren § 275 Abs. 2 HGB*	Umsatzkostenverfahren § 275 Abs. 3 HGB*
1. Umsatzerlöse	1. Umsatzerlöse
2. Erhöhung oder Verminderung des Bestandes an fertigen und unfertigen Erzeugnissen	
3. andere aktivierte Eigenleistungen	
4. sonstige betriebliche Erträge	
5. Materialaufwand	
a) Aufwendungen für Roh-, Hilfs- und Betriebsstoffe und für bezogene Waren	2. Herstellungskosten der zur Erzielung der Umsatzerlöse erbrachten Leistungen
b) Aufwendungen für bezogene Leistungen	
6. Personalaufwand	3. Bruttoergebnis vom Umsatz
a) Löhne und Gehälter	
b) soziale Abgaben und Aufwendungen für Altersversorgung und Unterstützung	4. Vertriebskosten
7. Abschreibungen	
a) auf immaterielle Vermögensgegenstände des Anlagevermögens und Sachanlagen sowie auf aktivierte Aufwendungen für die Ingangsetzung und Erweiterung des Geschäftsbetriebes	
b) auf Vermögensgegenstände des Umlaufvermögens, soweit diese die in der Kapitalgesellschaft üblichen Abschreibungen überschreiten	5. allgemeine Verwaltungskosten
	6. sonstige betriebliche Erträge
8. sonstige betriebliche Aufwendungen	7. sonstige betriebliche Aufwendungen

9. (8) Erträge aus Beteiligungen
10. (9) Erträge aus anderen Wertpapieren und Ausleihungen des Finanzanlagevermögens
11. (10) sonstige Zinsen und ähnliche Erträge
12. (11) Abschreibungen auf Finanzanlagen und auf Wertpapiere des Umlaufvermögens
13. (12) Zinsen und ähnliche Aufwendungen
14. (13) Ergebnis der gewöhnlichen Geschäftstätigkeit
15. (14) außerordentliche Erträge
16. (15) außerordentliche Aufwendungen
17. (16) außerordentliches Ergebnis
18. (17) Steuern vom Einkommen und vom Ertrag
19. (18) sonstige Steuern
20. (19) Jahresüberschuß/Jahresfehlbetrag

* Kleine und mittelgroße Kapitalgesellschaften dürfen beim Gesamtkostenverfahren die Posten Nr.1 bis 5, beim Umsatzkostenverfahren Nrn. 1 bis 3 und 6, zum „Rohergebnis" zusammenfassen *(§ 276 Abs. 3 HGB)*

Abb. 17 Darstellungsformen der Gewinn- und Verlustrechnung *(§ 275 Abs. 2 und 3 HGB)*

oden stammen und zu Jahresbeginn im Bestand waren, wird durch den Aufwand aus der **Bestandsminderung** der in der Vorperiode angefallene Herstellungsaufwand ergebniswirksam. Bestandserhöhungen und Bestandsminderungen werden in einer Position saldiert ausgewiesen. Die Erhöhung oder Verminderung des Bestandes an fertigen und unfertigen Erzeugnissen entspricht damit grundsätzlich dem Wert der Veränderung dieser Bilanzpositionen zum Vorjahr. Sofern Abschreibungen auf Bestände an fertigen und unfertigen Erzeugnissen in einer Höhe erforderlich sind, die den für die Gesellschaft üblichen Rahmen überschreitet, sind diese unter der Position 7 b) auszuweisen.

3. Die **aktivierten Eigenleistungen** entsprechen der Höhe nach dem Herstellungsaufwand für die im Geschäftsjahr selbst erstellten Anlagen. Darüber hinaus sind hier auch als Ertrag die aktivierten Aufwendungen für die Ingangsetzung und Erweiterung des Geschäftsbetriebes auszuweisen.

4. Die **sonstigen betrieblichen Erträge** sind ein Sammelposten für Erträge aus der gewöhnlichen Geschäftstätigkeit, für die ein gesonderter Ausweis an anderer Stelle nicht gefordert wird. Hierunter fallen Erträge aus der Auflösung von Rückstellungen und Wertberichtigungen, Erträge aus Nebeneinnahmen wie Mieten, Pachten, Kantinenerlösen.

5. Im **Materialaufwand** wird der Verbrauch an Roh-, Hilfs- und Betriebsstoffen sowie an Fremdleistungen erfaßt, die in den Produktionsprozeß eingehen. Bei Handelsunternehmen wird hier der Wareneinsatz ausgewiesen. Materialaufwendungen für den Verwaltungs- und Vertriebsbereich werden unter den sonstigen betrieblichen Aufwendungen erfaßt.

6. Der **Personalaufwand** umfaßt die Löhne und Gehälter, die Sozialabgaben (Arbeitgeberanteile der gesetzlichen Sozialversicherungsbeiträge) sowie Aufwendungen für Altersversorgung und Unterstützung (Pensionszahlungen, Zuführung zu Pensionsrückstellungen, Zahlungen an Pensionskassen).

7. Unter den **Abschreibungen** sind zum einen die Wertminderungen der immateriellen Vermögensgegenstände des Anlagevermögens und der Sachanlagen sowie der aktivierten Aufwendungen für die Ingangsetzung und Erweiterung des Geschäftsbetriebes auszuweisen. Außerplanmäßige Abschreibungen sind gesondert auszuweisen oder im Anhang anzugeben. Die Abschreibungsbeträge, die auf die einzelnen Positionen des Anlagevermögens entfallen, sind dem Anlagenspiegel zu entnehmen.

Zum anderen sind unter den Abschreibungen als gesonderte Positionen Wertminderungen des Umlaufvermögens auszuweisen, soweit diese das für die Gesellschaft übliche Maß überschreiten. Hierunter fallen außerordentliche Abschreibungen sowohl auf das Vorratsvermögen als auch auf Forderungen und auf sonstige Vermögensgegenstände.

8. **Sonstige betriebliche Aufwendungen** sind wiederum eine Sammelposition für Aufwendungen der gewöhnlichen Geschäftstätigkeit, die nicht unter einer anderen Position auszuweisen sind. Dazu gehören unter anderem Verluste aus Anlagenabgängen, Forderungsverluste, Abschreibungen auf Forderungen, Raumaufwendungen, Kfz-Aufwand, Werbeaufwand, Transport- und Lagerkosten, Aufwendungen der allgemeinen Verwaltung.

   Nach den sonstigen betrieblichen Aufwendungen ist im gesetzlich vorgeschriebenen Gliederungsschema keine Zwischensumme vorgesehen. In der Praxis wird an dieser Stelle jedoch häufig als Zwischensumme das **Betriebsergebnis** ausgewiesen.

9.–13. Zur Darstellung des **Finanzergebnisses** werden auf der Ertragsseite die Erträge aus dem Bereich des Finanzanlagevermögens gesondert ausgewiesen. Dabei werden Erträge aus Beteiligungen (Gewinnausschüttungen jeder Art aus bestehenden Beteiligungen) einerseits sowie Erträge aus anderen Wertpapieren und Ausleihungen des Finanzanlagevermögens andererseits unterschieden. Unter die sonstigen Zinsen und ähnliche Erträge fallen mithin Erträge, die nicht dem Finanzanlagevermögen entstammen, wie zum Beispiel Guthabenzinsen von Kreditinstituten sowie Zinsen und Dividenden aus Wertpapieren und Forderungen des Umlaufvermögens.

   Aufwandsseitig sind Abschreibungen auf Finanzanlagen und auf Wertpapiere des Umlaufvermögens in einer Position zu erfassen. Als Zinsen und ähnliche Aufwendungen kommen in Betracht Zinsen für Schulden – gleich welcher Art, Diskontaufwendungen, Kreditprovisionen und andere Geldbeschaffungskosten sowie Abschreibungen auf ein aktiviertes Agio, Disagio oder Damnum. Nach den Finanzaufwendungen wird in der Regel das Finanzergebnis als dem Saldo aus den Positionen 9–13 ausgewiesen.

14. Nach dem gesetzlichen Gliederungsschema zwingend vorgeschrieben ist die Bildung der Zwischensumme der Positionen 1–12, welche als **Ergebnis der gewöhnlichen Geschäftstätigkeit** bezeichnet wird.

Unter dem **außerordentlichen Ergebnis** sind nur solche Erträge und Aufwendungen auszuweisen, die außerhalb der gewöhnlichen Geschäftstätigkeit liegen. Es sind mithin Erträge und Aufwendungen von ungewöhnlicher Art, die nicht ständig wiederkehren und von einiger Bedeutung sind. Beispielhaft seien aufgeführt Gewinne und Verluste bei Veräußerungen von bedeutenden Grundstücken, Beteiligungen und Betrieben bzw. Teilbetrieben. Ebenso können hierunter Aufwendungen im Zusammenhang mit Betriebsstillegungen oder mit Katastrophen fallen.

Umsatzkostenverfahren

Hier werden in der GuV nur die abgesetzten Leistungen (Umsatzerlöse) als betrieblicher Ertrag ausgewiesen. Die Bestandsänderungen sowie die aktivierten Eigenleistungen werden nicht offen dargestellt. Dementsprechend werden den Umsatzerlösen nicht die gesamten Aufwendungen, sondern lediglich die Herstellungskosten der abgesetzten Leistungen sowie die Vertriebs- und Verwaltungskosten gegenübergestellt.

1. Die Position **Umsatzerlöse** im Umsatzkostenverfahren ist inhaltlich identisch mit der gleichnamigen Position des Gesamtkostenverfahrens.

   Bei den nachfolgenden Positionen handelt es sich um komplexe Kostenpositionen, in denen Anteile des Materialaufwandes, des Personalaufwandes, der Abschreibungen und der sonstigen betrieblichen Aufwendungen enthalten sind. Während die GuV nach dem Gesamtkostenverfahren sich ohne weiteres aus den Sachkonten der kaufmännischen Buchführung ableiten läßt, erfordert die Ermittlung der Inhalte der Kostenpositionen nach dem Umsatzkostenverfahren eine aussagefähige Kostenrechnung.

2. Die **Herstellungskosten der zur Erzielung der Umsatzerlöse erbrachten Leistungen** beinhalten ausschließlich die Herstellungskosten der verkauften Mengen, unabhängig davon, ob diese in der abgelaufenen Periode oder in vorangegangenen Perioden angefallen sind. Werden im Geschäftsjahr Erzeugnisse verkauft, die in einer vorangegangenen Periode hergestellt worden sind, so werden die hierfür angefallenen Herstellungskosten in dieser Position erfolgswirksam ausgewiesen. Die Herstellungskosten von im abgelaufenen Geschäftsjahr hergestellten Erzeugnissen, die zum Jahresende noch im Bestand sind, erscheinen nicht als Aufwand in der GuV nach dem Umsatzkostenverfahren.

3. Das **Bruttoergebnis vom Umsatz** entspricht als Zwischensumme einer erzielten Rohmarge aus den abgesetzten Leistungen.

4. Die **Vertriebskosten** beinhalten Aufwendungen des Vertriebsbereiches wie Verkauf, Werbeabteilung, Marketing. Hierunter fallen die in der Periode angefallenen Personalkosten dieser Bereiche, die anteiligen Abschreibungen sowie die übrigen Vertriebskosten wie Werbung, Marketing, Lager- und Transportkosten.

5. Die **allgemeinen Verwaltungskosten** setzen sich aus den Personal- und Sachkosten der Periode zusammen, die weder dem Herstellungsbereich noch dem Vertriebsbereich zuzurechnen sind. Hierunter fallen insbesondere die Kosten der Geschäftsführung, des Rechnungswesens, der Personalverwaltung und anderer übergeordneter Abteilungen.

6. Die **sonstigen betrieblichen Erträge** stimmen inhaltlich weitgehend mit der gleichnamigen Position des Gesamtkostenverfahrens überein.

7. Die Position **sonstige betriebliche Aufwendungen** hingegen wird gegenüber der gleichlautenden Position des Gesamtkostenverfahrens deutlich niedriger ausfallen, da wesentliche Aufwandsanteile aus dieser Position des Gesamtkostenverfahrens den Herstellungskosten, den Vertriebskosten und den Verwaltungskosten zuzuordnen sind.

Die nachfolgenden Positionen 8 bis 19 des Gliederungsschemas nach dem Umsatzkostenverfahren sind inhaltlich deckungsgleich mit den entsprechenden Positionen nach dem Gesamtkostenverfahren.

3.3 Der Anhang

Kapitalgesellschaften haben den Jahresabschluß um einen Anhang zu erweitern *(§ 264 Abs. 1 HGB)*. Zu einem besseren Verständnis des Zahlenwerks von Bilanz und Gewinn- und Verlustrechnung sind im Anhang ergänzende Angaben, Erläuterungen und Darstellungen zu machen, die sowohl qualitativer als auch quantitativer Art sind.
Der Inhalt des Anhangs bestimmt sich im wesentlichen nach den §§ 284–288 HGB. Darüber hinaus enthalten die übrigen Vorschriften zum Jahresabschluß von Kapitalgesellschaften weitere Bestimmungen zum Anhang, wenn gewisse Angaben wahlweise in der Bilanz bzw. GuV oder im Anhang gemacht werden können.

Der Anhang ist in seiner Gestaltung grundsätzlich formfrei. Allerdings gelten auch hier die allgemeinen Grundsätze, daß die Angaben wahrheitsgemäß, klar und übersichtlich aufzubereiten sind.

In der Praxis hat jedoch das folgende Gliederungsschema für die Erstellung des Anhangs weitgehend Verbreitung gefunden:

I. Allgemeine Angaben zu den Bilanzierungs- und Bewertungsmethoden
II. Erläuterungen zur Bilanz und zur Gewinn- und Verlustrechnung
III. Sonstige Angaben

I. Zu den angewandten **Bilanzierungs- und Bewertungsmethoden** sind folgende Angaben zu machen:

Anlagevermögen
Abschreibungsmethoden (z.B. linear oder degressiv, Halbjahresregel);
außerplanmäßige Abschreibungen;
Bewertungsvereinfachungsverfahren (z.B. Festwert);
Zusammensetzung eventueller Herstellungskosten;

Vorräte
Bewertungsvereinfachungsverfahren und Verbrauchsfolgeverfahren (z.B. Bewertung mit gewogenem Durchschnittswert; Lifo-Verfahren);
sofern die Anwendungen dieser Verfahren erhebliche Auswirkungen auf das Ergebnis haben, sind entsprechende Angaben zu machen;
Zusammensetzung der Herstellungskosten;
Abwertungen;

Forderungen und sonstige Vermögensgegenstände
Abwertungen;

Sonderposten mit Rücklageanteil
Hierzu sind die steuerlichen Vorschriften anzugeben, nach denen der Sonderposten gebildet worden ist; darüber hinaus sind die Erträge aus der Auflösung sowie die Aufwendungen aus der Einstellung in den Sonderposten anzugeben, sofern dies nicht bereits in der GuV erfolgt ist;

Rückstellungen
Angaben zu den angewandten Bewertungsgrundsätzen für die Pensionsrückstellungen und für die übrigen Rückstellungen;

Verbindlichkeiten

Angabe, ob mit dem Nennwert oder mit einem eventuell höheren Rückzahlungsbetrag bewertet worden ist;

Abweichungen vom Stetigkeitsgebot

Sofern in begründeten Ausnahmefällen von dem Stetigkeitsgebot bei den angewandten Bilanzierungs- und Bewertungsmethoden abgewichen wurde, ist darauf hinzuweisen und sind die Gründe hierfür zu nennen; darüber hinaus ist der Einfluß dieser Abweichungen auf die Vermögens-, Finanz- und Ertragslage gesondert darzustellen.

II. Bei den Erläuterungen zur **Bilanz** sind folgende Angaben zu machen:

Anlagevermögen

Darstellung der Entwicklung des Anlagevermögens im Anlagenspiegel;

Forderungen und sonstige Vermögensgegenstände

Angabe des Anteils mit einer Restlaufzeit von mehr als einem Jahr, soweit diese Angabe nicht als Davon-Vermerk in der Bilanz erfolgt ist;

Rückstellungen

Angaben zu den sonstigen Rückstellungen mit nicht unerheblichem Umfang;

Verbindlichkeiten

Angaben zu den anteiligen Restlaufzeiten bis zu einem Jahr (soweit nicht in der Bilanz als Davon-Vermerk angegeben) und von mehr als fünf Jahren sowie Angaben zu den durch Pfandrechte oder ähnliche Rechte gesicherten Verbindlichkeiten und zu Art und Form der Sicherheiten;

Sonstige finanzielle Verpflichtungen

Art und Umfang der sonstigen finanziellen Verpflichtungen (z.B. Miet- und Leasingverpflichtungen) sind anzugeben, soweit dies für die Beurteilung der Finanzlage von Bedeutung ist.

Bei den Erläuterungen zur **Gewinn- und Verlustrechnung** sind folgende Angaben zu machen:

Umsatzerlöse

Aufgliederung nach Tätigkeitsbereichen sowie nach geographisch bestimmten Märkten;

Abschreibungen nach steuerlichen Vorschriften

Angabe des Ausmaßes, in dem das Jahresergebnis durch solche Abschreibungen im Geschäftsjahr und in früheren Jahren beeinflußt wurde;

Außerplanmäßige Abschreibungen

sind der Höhe nach im Anhang anzugeben, sofern dies nicht als Davon-Vermerk in der GuV erfolgt ist;

Außerordentliche Erträge und Aufwendungen

sind zu erläutern, falls sie nicht von untergeordneter Bedeutung für die Beurteilung der Ertragslage sind;

Abweichungen von der Darstellungsstetigkeit

Sofern in begründeten Ausnahmefällen in der Darstellungsform von Bilanz und GuV gegenüber dem Vorjahr abgewichen worden ist, sind entsprechende Angaben zu machen und die entsprechenden Gründe hierfür zu erläutern; das gleiche gilt, wenn die Vorjahresbeträge nicht mit denen des laufenden Jahres vergleichbar sind.

III. Die folgenden **sonstigen Angaben** sind zu machen:

durchschnittliche Zahl der beschäftigten Arbeitnehmer;

Mitglieder von Aufsichtsrat und Vorstand/Geschäftsführung

Die vollständigen Namen der Organmitglieder sind aufzuführen; darüber hinaus sind die Gesamtbezüge dieses Personenkreises und die diesem Personenkreis gewährten Vorschüsse, Kredite sowie zugunsten dieses Personenkreises gewährten Bürgschaften und andere Garantien anzugeben;

Anteilsbesitz

Name und Sitz anderer Unternehmen, an denen die Gesellschaft mindestens 20 % der Anteile besitzt, sind anzugeben;

Konzernverflechtungen

Angaben zum Mutterunternehmen an der Konzernspitze, welches den

Konzernabschluß für den größten Kreis von Konzernunternehmen aufstellt; wird zudem ein Teilkonzernabschluß aufgestellt, ist das Mutterunternehmen anzugeben, welches den kleinsten Kreis von Unternehmen in einem Konzernabschluß zusammenfaßt; macht die Kapitalgesellschaft von der Befreiungsmöglichkeit Gebrauch, keinen Konzernabschluß aufzustellen, weil es in den Konzernabschluß einer ausländischen Muttergesellschaft einbezogen wird, sind Name und Sitz dieser Gesellschaft anzugeben.

3.4 Der Lagebericht

Mittelgroße und große Kapitalgesellschaften haben neben dem Jahresabschluß (Bilanz, GuV und Anhang) einen Lagebericht aufzustellen. Hierbei handelt es sich um ein eigenständiges Instrument der Rechenschaftslegung, welches den Informationsgehalt des Jahresabschlusses über die wirtschaftliche Lage des Unternehmens durch eine vor allem qualitativ-verbale Berichterstattung ergänzen soll.

Die gesetzliche Norm *(§ 289 HGB)* fordert, daß im Lagebericht zumindest der **Geschäftsverlauf** und die **Lage** der Gesellschaft so darzustellen sind, daß ein den **tatsächlichen Verhältnissen entsprechendes Bild** vermittelt wird. Damit soll die Lageberichterstattung zusammen mit dem Jahresabschluß eine Gesamtbeurteilung der Vermögens-, Finanz- und Ertragslage ermöglichen. Hierzu sind in der Regel Angaben über die gesamtwirtschaftlichen und branchenspezifischen Rahmenbedingungen ebenso erforderlich wie spezifische Angaben zu den Bereichen Beschaffung (z.B. zur Versorgungslage auf den Rohstoffmärkten), Produktion (z.B. zu Investitionen in neue Fertigungstechniken), Absatz (z.B. zur Auftragslage) und Finanzierung (z.B. zu verfügbaren Kreditlinien).

Darüber hinaus soll der Lagebericht auch eingehen auf **wesentliche Ereignisse nach dem Schluß des Geschäftsjahres.** Darunter fallen Geschäftsvorfälle, die einen wesentlichen (positiven wie negativen) Einfluß auf die wirtschaftliche Lage des Unternehmens haben. Damit soll dem systematischen Mangel des Jahresabschlusses abgeholfen werden, daß wertbestimmende Ereignisse nach dem Bilanzstichtag darin keinen Eingang finden können.

Weiterhin wird eine Berichterstattung über die **voraussichtliche Entwicklung** der Gesellschaft gefordert. Es handelt sich hierbei um eine zukunftsbezogene Berichterstattung, die wiederum dem Mangel der Vergangenheitsbezogenheit des Jahresabschlusses begegnen soll.

Darüber hinaus soll noch über den Bereich **Forschung und Entwicklung** sowie über den Bereich **Zweigniederlassungen** berichtet werden.

Abgesehen von den vorerwähnten Mindestanforderungen sind Form, Inhalt und Tragweite der Berichterstattung im Lagebericht vom Gesetzgeber nicht weiter definiert. Die Unternehmensführung hat damit für die Ausgestaltung des Lageberichtes weitgehende Freiheiten. Allerdings gilt auch hier der allgemeine Grundsatz, daß die Berichterstattung wahrheitsgemäß zu erfolgen hat. Der Lagebericht darf kein falsches Bild von der wirtschaftlichen Lage der Gesellschaft vermitteln. Der Abschlußprüfer muß im Rahmen seines Bestätigungsvermerks bestätigen können, daß der Lagebericht im Einklang mit dem Jahresabschluß steht.

3.5 Die Größenklassen für Kapitalgesellschaften

Der Umfang der Rechnungslegungs-, Offenlegungs- und Prüfungspflichten einer Kapitalgesellschaft bestimmt sich zum Teil nach der Größenklasse, der die Gesellschaft zuzurechnen ist. Nach dem HGB werden in Abhängigkeit von den Merkmalen Bilanzsumme, Umsatzerlöse und Beschäftigtenzahl drei Größenklassen unterschieden *(s. Abb. 18, S. 84)*.

Bilanzsumme und Umsatzerlöse sind dem ordnungsgemäß aufgestellten Jahresabschluß zu entnehmen. Die Bilanzsumme ist gegebenenfalls um einen auf der Aktivseite ausgewiesenen nicht durch Eigenkapital gedeckten Fehlbetrag zu kürzen. Die Zahl der Beschäftigten entspricht dem Durchschnitt aus den Zahlen zum 31. März, 30. Juni, 30. September und 31. Dezember.

Die Zuordnung zu einer Größenklasse erfolgt, wenn zwei der drei Merkmale an zwei aufeinanderfolgenden Stichtagen überschritten bzw. unterschritten sind. Im Falle einer Umwandlung oder Neugründung erfolgt die Zuordnung zu einer Größenklasse bereits, wenn am ersten Abschlußstichtag zwei der drei Merkmale erfüllt sind.

Eine Einordnung als kleine oder mittlere Kapitalgesellschaft hat gewisse Erleichterungen zur Folge, sowohl im Bereich der Rechnungslegung (geringerer Gliederungsumfang von Bilanz und GuV, geringere Angabe- und Erläuterungspflichten im Anhang) als auch im Hinblick auf den Umfang der Offenlegungs- und Prüfungspflichten. Im einzelnen sei auf die tabellarische Darstellung in Abb. 18 hingewiesen.

	Kapitalgesellschaften		
	kleine	**mittlere**	**große**
Größenmerkmale			
Bilanzsumme (Mio. DM)	≤ 5,31	> 5,31 bis 21,24	> 21,24
Umsatzerlöse (Mio. DM)	≤ 10,62	> 10,62 bis 42,48	> 42,48
Beschäftigte im Jahresdurchschnitt	≤ 50	51 bis 250	> 250
Veröffentlichung			
Bilanz	verkürzt		
GuV	verkürzt	verkürzt	
Anhang	Verzicht auf verschiedene Angaben		
Lagebericht	entfällt		
Ort der Veröffentlichung	Handelsregister	Handelsregister; im Bundesanzeiger Bekanntgabe, bei welchem HR hinterlegt	im Bundesanzeiger und anschließend im Handelsregister
Fristen			
Aufstellung des Jahresabschlusses	innerhalb von 6 Monaten	innerhalb von 3 Monaten	
Veröffentlichung	innerhalb von 12 Monaten	innerhalb von 9 Monaten	
Prüfung	keine Prüfungspflicht	durch vereidigte Buchprüfer oder Wirtschaftsprüfer	durch Wirtschaftsprüfer

Abb. 18 Rechnungslegungs-, Offenlegungs- und Prüfungspflichten in Abhängigkeit von Größenklassen

4 Die Bilanzpolitik als Instrument der Unternehmensführung

Der Jahresabschluß ist ein Informationsmedium, mit dem berechtigte Informationsinteressen der Bilanzadressaten hinsichtlich der wirtschaftlichen Lage des Unternehmens befriedigt werden sollen. Um der Rechenschaftspflicht des bilanzierenden Unternehmens Genüge zu tun, soll der Jahresabschluß unter Beachtung der Grundsätze ordnungsmäßiger Buchführung ein möglichst den tatsächlichen Verhältnissen entsprechendes Bild der Vermögens-, Finanz- und Ertragslage des Unternehmens vermitteln.

Demgegenüber verfolgt ein Unternehmen innerhalb des ordnungspolitisch gesteckten Rahmens seinerseits eigenwirtschaftliche Ziele und ist daran interessiert, das Verhalten der Bilanzadressaten, mit denen das bilanzierende Unternehmen in Beziehung steht, im Sinne seiner Ziele zu beeinflussen. Darüber hinaus sind an die in einem Jahresabschluß ermittelten Werte bestimmte Rechtsfolgen geknüpft, sowohl hinsichtlich der Ansprüche der Finanzverwaltung (Steuerbemessungsgrundlage) als auch der Anteilseigner (Kapital- und Gewinnanteile).

Als **Bilanzpolitik** sollen alle Maßnahmen der Unternehmensleitung bezeichnet werden, die bei der Ermittlung der quantitativen und qualitativen Informationen eines Jahresabschlusses innerhalb des vom Gesetzgeber gesteckten Rahmens mit dem Ziel ergriffen werden, das Verhalten der Bilanzadressaten und die an den Jahresabschluß geknüpften Rechtsfolgen mit den Zielen des Unternehmens in Einklang zu bringen.

Die **Ziele** einer bilanzpolitischen Gestaltung des Jahresabschlusses können zum Beispiel sein:

- die Erhaltung der Kapitalsubstanz durch Bildung sowohl offener als auch stiller Reserven;
- die Stabilisierung der jährlichen Dividende;
- die Minimierung der Steuerbelastung;
- die Erhaltung der Kreditwürdigkeit.

Diese Ziele können auch miteinander in Konflikt stehen. Die Erhaltung der Kapitalsubstanz ist grundsätzlich von Bedeutung, um langfristig das Überleben eines Unternehmens zu sichern. Eine hierfür geeignete Maßnahme ist die Bildung von offenen oder stillen Rücklagen. Durch Bildung offener Rücklagen werden offen ausgewiesene Gewinne nicht zur Ausschüttung zur Verfügung gestellt. Stille Rücklagen entstehen durch Unterbewertung von Aktiva beziehungsweise Überbewertung von Schulden und mindern den Gewinn, der insoweit weder der Besteuerung unterworfen wird noch zur Ausschüttung zur Verfügung steht. Der Bildung offener oder stiller Reserven steht das berechtigte Interesse der Anteilseigner auf angemessene Dividenden entgegen. Hohe ausschüttungsfähige Gewinne führen wiederum zu einer entsprechend hohen Steuerbelastung. Stille Rücklagen lassen die Vermögenslage ungünstiger erscheinen und beeinträchtigen möglicherweise die Kreditwürdigkeit des Unternehmens.

Die **bilanzpolitischen Instrumente**, die dem bilanzierenden Unternehmen zur Verfügung stehen, können wie folgt unterschieden werden:

1. Sachverhaltsgestaltungen;
2. Ansatz- und Bewertungswahlrechte nach Handelsrecht;
3. Ansatz- und Bewertungswahlrechte nach Steuerrecht;
4. Ermessensspielräume;
5. Gliederungs- und Darstellungswahlrechte.

1. Zu den **sachverhaltsgestaltenden Maßnahmen** zählt zum Beispiel eine Sale-and-lease-back-Maßnahme. Hierbei werden Anlagegüter veräußert und unmittelbar vom veräußernden Unternehmen zurückgemietet. So können zum Beispiel vom Unternehmen genutzte Gebäude verkauft und anschließend vom Erwerber angemietet werden. Liegt der Veräußerungserlös über dem Buchwert des Gebäudes, entsteht ein Buchgewinn, der das Ergebnis einmalig erhöht. Gleichzeitig fließt dem Unternehmen in Höhe des Erlöses Liquidität zu. Sowohl dem Buchgewinn als auch dem Liquiditätszufluß stehen jedoch umgekehrte Effekte in der Zukunft gegenüber. Die künftigen Mietzahlungen schlagen sich sowohl als gewinnmindernde Aufwendungen als auch als Liquiditätsabfluß nieder.
   Eine weitere sachverhaltsgestaltende Maßnahme ist das sogenannte Window-dressing. Darunter werden Maßnahmen verstanden, bei denen kurz vor dem Bilanzstichtag ein Darlehen (z.B. von einem Konzernunternehmen) aufgenommen wird, welches unmittelbar nach dem Stichtag wieder zurückgeführt wird. Hierdurch kann in der Bilanz ein entsprechend höherer Bestand an liquiden Mitteln ausgewiesen werden. Gleichzeitig erhöhen sich allerdings die kurzfristigen Verbindlichkeiten.

2. Die bilanzpolitischen Gestaltungsmöglichkeiten aufgrund der vom Gesetzgeber eingeräumten **Ansatz- und Bewertungswahlrechte** nach **Handelsrecht** sind im Rahmen der Ausführungen zu den Grundsätzen ordnungsmäßiger Buchführung und zu den Inhalten der einzelnen Bilanzpositionen erörtert worden. Nachfolgend seien die Wahlrechte nochmals zusammenfassend aufgeführt:

a) **Ansatzwahlrechte**
Aktivierungswahlrecht für
- Aufwendungen für die Ingangsetzung oder Erweiterung eines Geschäftsbetriebes;
- einen derivativen Geschäfts- oder Firmenwert;
- ein Disagio.

Passivierungswahlrecht für
- Rückstellungen für unterlassene Instandhaltung, wenn die Maßnahme drei Monate nach dem Bilanzstichtag und innerhalb eines Jahres durchgeführt wird;
- andere Aufwandsrückstellungen.

b) **Bewertungswahlrechte**
Wahlrecht
- hinsichtlich der Gemeinkostenbestandteile, die in die Herstellungskosten einbezogen werden können;
- außerplanmäßige Abschreibungen bei Vermögensgegenständen des Anlagevermögens vorzunehmen, wenn der Grund für die Wertminderung nur vorübergehender Natur ist.

3. Die **Ansatz- und Bewertungswahlrechte**, die vom **Steuergesetzgeber** eingeräumt werden, sind in der Regel fiskalischer Natur, um über steuerpolitische Maßnahmen Investitionsanreize zu liefern. Hierunter fallen zum Beispiel Sonderabschreibungen, wie sie nach dem Fördergebietsgesetz in den neuen Bundesländern möglich waren *(vgl. auch Kapitel 2.4)*.

4. Von den GoB abschließend nicht zu erfassen sind **Ermessensentscheidungen** des Bilanzierenden bei der Bestimmung von Bilanzansätzen. Bei der Aufstellung des Jahresabschlusses hat der Bilanzierende zu ermessen und zu entscheiden, welcher Wert den einzelnen Vermögensgegenständen und Schulden beizulegen ist. Hierbei wird insbesondere gefordert, als Maßstab das Urteil eines vernünftigen Kaufmanns anzusetzen. Da die Angemessenheit von Wertansätzen in der Regel von künftigen Entwicklungen abhängig ist, die nicht abschließend prognostiziert werden können, bleibt dem Bilanzierenden ein Entscheidungsspielraum bei der Bemessung der Wertansätze von Vermögensgegenständen und Schulden.

5. Während die zuvor erörterten bilanzpolitischen Instrumente unmittelbar Einfluß auf die Höhe des Zahlenwerks eines Jahresabschlusses haben, haben die **Gliede-**

rungs- und Darstellungswahlrechte vor allem qualitative Bedeutung hinsichtlich des Informationsgehaltes eines Jahresabschlusses. Hierzu zählen:

- Gestaltungsspielräume für Nichtkapitalgesellschaften sowie Erleichterungen für kleine und mittlere Kapitalgesellschaften hinsichtlich Form und Gliederungstiefe von Bilanz und GuV;
- Erleichterungen für kleine und mittlere Kapitalgesellschaften hinsichtlich der erforderlichen Angaben im Anhang;
- die Möglichkeit, gewisse Angaben entweder in der Bilanz oder im Anhang zu machen.

Die bilanzpolitischen Spielräume hinsichtlich Ansatz und Bewertung von Vermögen und Schulden können zum Teil erheblich sein und zu großen Wertunterschieden führen mit der entsprechenden Auswirkung auf das Ergebnis des Geschäftsjahres, in dem von dem jeweiligen Wahlrecht Gebrauch gemacht wird. Dabei ist jedoch zu berücksichtigen, daß der Bilanzierende z.B. über den Umfang der einzubeziehenden Gemeinkosten bei der Bewertung der Vorräte nicht jedes Jahr neu entscheiden kann. Nach dem Grundsatz der Bewertungsstetigkeit sind einmal gewählte Methoden grundsätzlich beizubehalten.

Im übrigen ist bei der bilanzpolitischen Gestaltung zu beachten, daß Maßnahmen, die sich unmittelbar auf die Wertansätze in der Bilanz auswirken, in der Regel mit gegenläufigen **zeitlichen Umkehreffekten** in der Zukunft verbunden sind. So führen in einem Geschäftsjahr vorgenommene Sonderabschreibungen dazu, daß insoweit Abschreibungen in den Folgejahren nicht mehr ergebniswirksam verrechnet werden können. Der Gewinnminderung in dem Geschäftsjahr, in welchem die Sonderabschreibungen vorgenommen werden, steht damit eine entsprechende Entlastung des Ergebnisses in den Folgejahren der Nutzung des Anlagegutes gegenüber. Umgekehrt führt zum Beispiel eine Einbeziehung der allgemeinen Verwaltungskosten in die Herstellungskosten der Vorräte zu einem höheren Bilanzansatz und damit zu einem höheren Gewinn. Andererseits wird anläßlich des Verkaufs dieser Vorräte im Folgejahr der Abgang der Bestände als entsprechend höherer Aufwand über die Bestandsminderung erfaßt.

Allgemein kann gesagt werden, daß Maßnahmen, die in einer Periode das Ergebnis entlasten, regelmäßig zu einer Belastung des Ergebnisses künftiger Perioden führen und umgekehrt ergebnisbelastende Maßnahmen mit einer entsprechenden Entlastung des Ergebnisses in Folgeperioden verbunden sind.

Formal ist dieser Effekt in der Technik der Gewinnermittlung durch den Betriebsvermögensvergleich begründet. Führt eine Maßnahme zu einer Erhöhung eines Aktivpostens bzw. zu einer Minderung eines Schuldpostens, ist damit zugleich eine Erhöhung des Reinvermögens (Gewinnerhöhung) zum Ende des Geschäftsjahres verbunden. Da somit der Wert für den Vergleich mit dem Betriebsvermögen des Folgejahres höher ist, ist der Unterschiedsbetrag und damit der Gewinn des Folgejahres niedriger. Umgekehrt führt eine Minderung eines Aktivpostens bzw. eine Erhöhung eines Schuldpostens zu einer Minderung des Reinvermögens (Gewinnminderung) und damit zu einer entsprechenden Gewinnerhöhung im Folgejahr.

5 Die Bilanzanalyse

Vor dem Hintergrund der Kenntnisse über Form, Inhalt und Aussagefähigkeit des Jahresabschlusses soll in diesem Kapitel nunmehr eine systematische Herangehensweise entwickelt werden, die es dem Praktiker ermöglicht, aus seiner Sicht wünschenswerte Informationen über die wirtschaftliche Lage des bilanzierenden Unternehmens zu gewinnen.

So wie der Begriff „Bilanz" häufig synonym für „Jahresabschluß" gebraucht wird, ist in Literatur und Praxis der Begriff „Bilanzanalyse" als Synonym für „Jahresabschlußanalyse" gebräuchlich. Der Begriff **Bilanzanalyse** soll mithin verstanden werden als die systematische Auswertung der Daten des Jahresabschlusses mit seinen Bestandteilen Bilanz, GuV und Anhang sowie des Lageberichts, um sich über die Vermögens-, Finanz- und Ertragslage des bilanzierenden Unternehmens zu informieren.

Potentielle Bilanzanalytiker sind vor allem die im ersten Kapitel beschriebenen Bilanzadressaten. Es können sowohl externe Bilanzanalytiker als auch interne Bilanzanalytiker unterschieden werden.

Externe Bilanzanalytiker stehen außerhalb des bilanzierenden Unternehmens, wie z.B. Kreditgeber, Kleinaktionäre, die nicht unmittelbar mit den Aufsichtsgremien in Verbindung stehen, Kunden und Lieferanten. Dem externen Bilanzanalytiker steht nur der Jahresabschluß einschließlich des Lageberichts als Informationsquelle zur Verfügung.
Interne Bilanzanalytiker sind zum Beispiel die Unternehmensleitung, Großaktionäre, die im Aufsichtsrat vertreten sind, sowie Großkreditgeber. Diesem Personenkreis stehen zusätzliche Informationen zur Verfügung, die über den veröffentlichten Jahresabschluß hinausreichen. Hierzu zählt das Zahlenmaterial aus dem unternehmensinternen Berichtswesen, wie z.B. Ergebnisse der Kostenrechnung oder der Prüfungsbericht des Abschlußprüfers.

In der Folge sollen ausschließlich die Möglichkeiten und Grenzen einer Bilanzanalyse dargelegt werden, die sich dem externen Bilanzanalytiker stellen, der sich auf die Informationen der veröffentlichten Bilanz beschränken muß.

5.1 Die Grenzen der Bilanzanalyse

Der externe Bilanzanalytiker wird versuchen, für seine Entscheidungen relevante Informationen dem Jahresabschluß und dem Lagebericht des bilanzierenden

Unternehmens zu entnehmen. Er muß dabei jedoch berücksichtigen, daß das dort dargebotene Datenmaterial Mängel aufweist, die den Einblick in die Vermögens-, Finanz- und Ertragslage beeinträchtigen. Die Mängel resultieren zum einen aus Verzerrungen, die sich aus den Gestaltungsspielräumen ergeben können, die dem Bilanzierenden eingeräumt werden. Zum anderen ergeben sich auch Beeinträchtigungen der Aussagefähigkeit aus der grundsätzlichen Funktionsweise des Jahresabschlusses.

1. Die im 4. Kapitel erörterten **Gestaltungsspielräume,** die vom Bilanzierenden bilanzpolitisch eingesetzt werden, erschweren den Einblick in die wirtschaftliche Lage des Unternehmens. So wird ein Unternehmen in Zeiten auskömmlicher Erträge die Möglichkeit suchen, durch entsprechende Ermessensentscheidungen die Werte in der Bilanz besonders vorsichtig anzusetzen, um damit stille Reserven zu legen. Ist die Ertragssituation angespannt, wird der Bilanzierende veranlaßt sein, keine weiteren stillen Reserven zu legen bzw. vorhandene stille Reserven wieder aufzulösen.

2. Abgesehen von einer bilanzpolitisch motivierten Gestaltung des Jahresabschlusses ist seine Aussagefähigkeit auch durch die ihm eigene **Funktionsweise** und die ihm zugrunde liegenden **Aufstellungsgrundsätze** begrenzt. Diese Mängel ergeben sich aus:

- der Vergangenheitsbezogenheit des Datenmaterials;
- der Unvollständigkeit der Informationen sowie
- den Bilanzierungs- und Bewertungsgrundsätzen, die vor allem am Schutz von Gläubigern und Aktionären orientiert sind.

Die Daten, die im Jahresabschluß (Bilanz, GUV und Anhang) aufbereitet werden, sind allein Informationen über Ereignisse der **Vergangenheit.** Künftige Entwicklungen finden nur insoweit Berücksichtigung, als Einschätzungen hierüber die Bestimmung der Wertansätze in der Bilanz beeinflussen. Darüber hinaus ist der Jahresabschluß innerhalb von drei Monaten nach Abschluß des Geschäftsjahres aufzustellen. Die Offenlegung hat jedoch erst (spätestens) nach Ablauf von neun Monaten zu erfolgen. Dem externen Bilanzanalytiker stehen damit die gewünschten Informationen erst zu einem relativ späten Zeitpunkt zur Verfügung. Wesentliche zwischenzeitliche Entwicklungen können sich in dem Zahlenwerk nicht niederschlagen.
Zudem sind die Informationen eines Jahresabschlusses oft **unvollständig.** Zum einen schlagen sich schwebende Geschäfte nicht im Zahlenwerk nieder, obgleich solche Geschäfte von wesentlicher Bedeutung sein können, wie z.B. hohe Auftragsbestände, die noch nicht bearbeitet worden sind, oder Börsentermingeschäfte.

Zum anderen fehlen im Jahresabschluß qualitative Informationen, wie z.B. über die Branchenkonjunktur oder über die Innovationsfähigkeit und die Marktposition des Unternehmens.

Die Mängel, die aus der Vergangenheitsbezogenheit und der Unvollständigkeit der Daten des Jahresabschlusses resultieren, sollen zum Teil durch die Aufstellung des Lageberichts kompensiert werden. Die darin geforderte verbale Berichterstattung über Geschäftsverlauf und Lage der Gesellschaft sowie über die voraussichtliche Entwicklung (zukunftsbezogene Berichterstattung) ist vor allem qualitativer Art. Die Vorschriften zur Aufstellung des Lageberichtes lassen jedoch weitgehende Spielräume hinsichtlich Tragweite und Vollständigkeit der dargelegten Informationen.

Die Aussagefähigkeit des Jahresabschlusses ist nicht zuletzt auch durch die **Konventionen** der **Grundsätze ordnungsmäßiger Buchführung** begrenzt, die vor allem an den schutzwürdigen Interessen von **Gläubigern** und **Aktionären** orientiert sind. So ist der Grundsatz, Vermögensgegenstände höchstens zu Anschaffungskosten bzw. Herstellungskosten zu bewerten, von dem Ziel geleitet, keine unrealisierten Gewinne auszuweisen. Hierdurch können allerdings Wertsteigerungen, die z.B. bei Grundstücken erheblich sein können, nicht mehr entsprechend in der Bilanz ausgewiesen werden. Die tatsächliche Vermögenslage ist damit nicht vollständig wiedergegeben. Auch dürfen nach dem Realisationsprinzip z.B. unmittelbar nach dem Stichtag realisierte Gewinne aus verkauften Warenbeständen in der Bilanz durch eine entsprechend höhere Bewertung der Vorräte nicht vorweggenommen werden, auch wenn die Gewinnrealisierung bei Aufstellung des Jahresabschlusses als Tatsache bekannt ist.

Derartige künftige Ertragsentwicklungen finden im Jahresabschluß keinen Niederschlag. Da andererseits vorhersehbare Risiken und Verluste nach dem Imparitätsprinzip im Jahresabschluß bereits zu antizipieren sind, führt dies zu Verzerrungen bei der Darstellung der Ertragslage. Diese Beeinträchtigungen sind vom Gesetzgeber jedoch bewußt in Kauf genommen worden, um dem verfolgten Ziel von objektivierbaren und intersubjektiv nachprüfbaren Informationen im Jahresabschluß nachzukommen.

5.2 Der Ablauf einer Bilanzanalyse

Das im Jahresabschluß eines Unternehmens aufbereitete Zahlenmaterial ist in seiner dargebotenen Form nur begrenzt interpretationsfähig. Die einzelnen Werte in Bilanz und GuV haben als absolute, losgelöste Zahlen nur eine geringe Aussagekraft. So ist zum Beispiel die Höhe des Wertes der Kundenforderungen der Bilanz allein betrachtet ebenso ohne weitreichende Bedeutung wie die Höhe der Umsatzerlöse oder des Jahresergebnisses in der GuV.

Die Analyse eines Jahresabschlusses ist nur möglich, wenn das Zahlenmaterial nach analytisch relevanten Größen aufbereitet und sinnvoll miteinander verknüpft wird. Hierzu werden in einem **ersten Schritt** die Zahlen von Bilanz und GuV strukturell verändert aufbereitet. Im Anschluß daran werden in einem **zweiten Schritt** betriebswirtschaftlich aussagefähige Kennzahlen gebildet, die dann in einem **dritten Schritt** unter Heranziehung von Vergleichsmaßstäben interpretiert werden.

1. Schritt
Das Zahlenwerk von Bilanz und GuV in der nach dem gesetzlichen Gliederungsschema vorgesehenen Darstellungsform ist einer betriebswirtschaftlichen Interpretation nicht hinreichend zugänglich. Um eine sinnvolle Bilanzanalyse vorbereiten zu können, werden die Zahlen in einer strukturell veränderten Form aufbereitet.

2. Schritt
Die strukturell aufbereiteten absoluten Zahlen von Bilanz und GuV werden durch die Bildung von relativen **Kennzahlen** (Verhältniskennzahlen) miteinander verknüpft und können dadurch erst sinnvoll interpretiert werden.

Bei den **Verhältniskennzahlen** werden unterschieden Gliederungszahlen, Beziehungszahlen und Indexzahlen.

Gliederungszahlen drücken das Verhältnis einer Teilgröße zur Gesamtgröße aus, wie z.B. das Verhältnis von Eigenkapital zu Gesamtkapital.
Durch **Beziehungszahlen** soll die Relation unterschiedlicher Größen zueinander hergestellt werden, um so einen Ursache-Wirkungs-Zusammenhang bzw. eine Mittel-Zweck-Beziehung darzustellen. Ein Beispiel hierfür ist die Eigenkapitalrentabilität als Verhältnis von Jahreserfolg zu Eigenkapital.

Indexzahlen betrachten die gleiche absolute Zahl über mehrere Zeitpunkte oder Zeiträume und deren relative Veränderung. Dabei werden zum Beispiel die Umsätze eines Jahres als Basiszahl genommen und die Umsätze der Folgejahre dazu ins Verhältnis gesetzt, um so Aussagen über die Umsatzentwicklung von mehreren Jahren zu erhalten.

Wichtig für die Kennzahlenbildung ist, daß die einbezogenen Größen tatsächlich in einem sachlogischen betriebswirtschaftlichen Zusammenhang stehen. Die mitein-

ander verknüpften Größen müssen einander in **sachlicher**, **zeitlicher** und **wertmäßiger** Hinsicht entsprechen.
So werden zum Beispiel bei der Kennzahl „Umschlaghäufigkeit der Vorräte" die Umsatzerlöse eines Geschäftsjahres zum durchschnittlichen Vorratsbestand ins Verhältnis gesetzt *(vgl. S. 109)*. Die Größen Umsatzerlöse und Vorratsbestände entsprechen einander in sachlicher Hinsicht, soweit die Umsatzerlöse aus dem Verkauf von Erzeugnissen und Waren resultieren. Eine zeitliche Entsprechung ist gegeben, soweit die Umsatzerlöse eines Geschäftsjahres zum durchschnittlichen Bestand des Geschäftsjahres ins Verhältnis gesetzt werden. Eine wertmäßige Entsprechung ist jedoch bei dieser Kennzahl in der Regel nicht gegeben, da die Vorratsbestände zu Anschaffungs- bzw. Herstellungskosten zu bewerten sind, während in den Umsatzerlösen bereits Gewinnanteile enthalten sind.

Die Auswahl der zu ermittelnden Kennzahlen ist an dem Ziel der Bilanzanalyse orientiert, ein möglichst ganzheitliches Bild über die wirtschaftliche Lage des betrachteten Unternehmens zu erlangen. Dabei stellt sich hier dem Analytiker das Problem, daß aufgrund der komplexen Ursache-Wirkungs-Zusammenhänge in einem Unternehmen keine eindeutigen Aussagen darüber getroffen werden können, welche Kennzahlen zur Analyse herangezogen werden sollen, um diese Zusammenhänge vollständig darzustellen. Gleich welche Kennzahlen herangezogen werden, können die Analyseergebnisse grundsätzlich nur eine tendenzielle Aussage über die wirtschaftliche Lage des Unternehmens zulassen.
Entsprechend zu den gesetzlichen Anforderungen, die an den Informationsgehalt des Jahresabschlusses gerichtet sind, werden Kennzahlen unterschieden, die Einblick in die jeweiligen Teilbereiche Vermögenslage, Finanzlage und Ertragslage verschaffen sollen.

3. Schritt
Nachdem die Werte des Jahresabschlusses strukturell aufbereitet und die einzelnen Kennzahlen ermittelt worden sind, sind die Ergebnisse in einem dritten Schritt auszuwerten. Eine Beurteilung der einzelnen Kennzahlen ist nur sinnvoll, wenn die ermittelten Werte Vergleichsmaßstäben gegenübergestellt werden. Hierzu bieten sich an

- der Betriebsvergleich,
- der Zeitvergleich und
- der Soll-Ist-Vergleich.

Bei einem **Betriebsvergleich** wird die ermittelte Kennzahl einem Vergleichswert eines anderen Unternehmens bzw. einem Durchschnittswert anderer Unternehmen gegenübergestellt. Ein Betriebsvergleich ist nur insoweit aussagefähig, als das oder die Vergleichsunternehmen weitestgehend strukturgleich sind. Unterschiede in wichtigen Merkmalen wie Standort, technische Ausstattung, Fertigungstiefe, Produktpalette beeinträchtigen einen Betriebsvergleich.

Im Rahmen eines **Zeitvergleichs** werden die Kennzahlen des analysierten Unternehmens verschiedener Perioden miteinander verglichen. Die Analyse der wirtschaftlichen Lage eines Unternehmens auf der Grundlage nur eines Jahresabschlusses ist in der Regel nur mit Einschränkungen möglich. Erst die Aufbereitung des Zahlenmaterials von mehreren Perioden läßt Entwicklungstendenzen bzgl. der wirtschaftlichen Lage erkennen. Insbesondere treten hierdurch bilanzpolitisch motivierte Verschleierungen von negativen Entwicklungen auf, die über mehrere Perioden hinweg nicht mehr verborgen werden können. Nicht zuletzt werden bilanzpolitische Maßnahmen in der Regel durch zeitliche Umkehreffekte über mehrere Perioden neutralisiert.

Bei einem **Soll-Ist-Vergleich** wird die ermittelte Kennzahl einem normativen Soll-Wert gegenübergestellt. Hierbei stellt sich jedoch das Problem, daß wegen der fehlenden Eindeutigkeit in der Aussagefähigkeit einzelner Kennzahlen auch keine eindeutigen Norm-Werte vorgegeben werden können. Solche Werte können in der Regel nur Anhaltspunkte sein.

Eine isolierte Auswertung der einzelnen Kennzahlen zur Untersuchung der jeweiligen Teilbereiche Vermögenslage, Finanzlage und Ertragslage wird dem Bilanzanalytiker kein vollständiges Bild der wirtschaftlichen Lage des betrachteten Unternehmens vermitteln. Erst die Zusammenfassung der Analyseergebnisse und eine übergreifende Auswertung der Einzelergebnisse wird ein ganzheitliches **Gesamturteil** ermöglichen.

5.3 Die Analyse des Jahresabschlusses anhand eines Beispiels

Im folgenden soll nunmehr versucht werden, anhand eines (frei erfundenen) Beispiels, den Jahresabschluß eines Unternehmens zu analysieren. Unter Berücksichtigung der bereits erörterten Grenzen der Aussagefähigkeit eines Jahresabschlusses werden wir mit Hilfe ausgewählter Kennzahlen die wirtschaftliche Lage eines Unternehmens untersuchen.
Grundlage der weiteren Erörterungen ist der Jahresabschluß der XY-AG, der für die Zwecke dieser Darstellung entwickelt worden ist. Die Bestandteile des Jahresabschlusses (Bilanz, GuV und Anhang) sind in den Abb. 19–22 dargestellt.

AKTIVA	31.12.1997 TDM	31.12.1996 TDM
A. AUFWENDUNGEN FÜR DIE INGANGSETZUNG UND ERWEITERUNG DES GESCHÄFTSBETRIEBS	**1.302**	**0**
B. ANLAGEVERMÖGEN		
I. Immaterielle Vermögensgegenstände	3.137	4.911
II. Sachanlagen	49.659	41.556
III. Finanzanlagen	4.123	4.123
	56.919	**50.590**
C. UMLAUFVERMÖGEN		
I. Vorräte		
1. Roh-, Hilfs- und Betriebsstoffe	2.636	1.606
2. Unfertige Erzeugnisse, unfertige Leistungen	21.826	17.286
3. Fertige Erzeugnisse und Waren	4.933	3.544
4. Geleistete Anzahlungen	84	132
	29.479	22.568
II. Forderungen und Sonstige Vermögensgegenstände		
1. Forderungen aus Lieferungen und Leistungen	25.867	24.377
2. Forderungen aus verbundenen Unternehmen	1.242	1.237
3. Sonstige Vermögensgegenstände	7.422	7.175
	34.531	32.789
III. Wertpapiere	0	325
IV. Flüssige Mittel	327	1.425
	64.337	**57.107**
D. RECHNUNGSABGRENZUNGSPOSTEN	**478**	**478**
	123.036	**108.175**

Abb. 19 Bilanz der XY-AG zum 31.12.1997 (Vorjahr zum Vergleich)

	PASSIVA 31.12.1997 TDM	31.12.1996 TDM
A. EIGENKAPITAL		
I. Gezeichnetes Kapital	8.000	8.000
II. Kapitalrücklage	9.350	9.350
III. Gewinnrücklagen	12.685	11.735
IV. Bilanzgewinn	837	2.216
	30.872	**31.301**
B. SONDERPOSTEN MIT RÜCKLAGEANTEIL	**2.828**	**3.525**
C. RÜCKSTELLUNGEN		
1. Rückstellungen für Pensionen und ähnliche Verpflichtungen	15.734	15.328
2. Steuerrückstellungen	222	2.120
3. Sonstige Rückstellungen	13.335	12.725
	29.291	**30.173**
D. VERBINDLICHKEITEN		
1. Verbindlichkeiten gegenüber Kreditinstituten	17.547	9.473
2. Verbindlichkeiten aus Lieferungen und Leistungen	23.425	19.319
3. Verbindlichkeiten gegenüber verbundenen Unternehmen	11.513	6.961
4. Sonstige Verbindlichkeiten	7.560	7.413
	60.045	**43.166**
	123.036	**108.175**

Ort, Datum

Geschäftsführung

	1997 TDM	1996 TDM
1. Umsatzerlöse	104.709	108.101
2. Bestandsveränderung	5.929	105
3. andere aktivierte Eigenleistungen	2.373	213
	113.011	108.419
4. sonstige betriebliche Erträge	2.930	1.577
	115.941	109.996
5. Materialaufwand	58.322	54.426
6. Personalaufwand	41.350	39.720
7. Abschreibungen	10.125	7.290
8. sonstige betriebliche Aufwendungen	5.701	5.901
	– 115.498	– 107.337
9. Finanzergebnis	– 872	– 616
10. Ergebnis vor Ertragsteuern	– 429	2.043
11. Ertragssteuern	0	– 827
12. Ergebnis	**– 429**	**1.216**
13. Gewinnvortrag	2.216	4.950
14. Einstellung in die Gewinnrücklagen	950	– 1.150
15. Gewinnausschüttung	0	– 2.800
16. Bilanzgewinn	**837**	**2.216**

Abb. 20 GuV der XY-AG für das Geschäftsjahr 1997 (Vorjahr zum Vergleich)

Allgemeines

Der Jahresabschluß wurde nach den Vorschriften der §§ 238 ff. HGB sowie den ergänzenden Vorschriften des AktG aufgestellt.

Die Gewinn- und Verlustrechnung wurde nach dem Gesamtkostenverfahren erstellt.

Die Gesellschaft zählt zu den großen Kapitalgesellschaften.

Bilanzierungs- und Bewertungsmethoden

Aufwendungen für die Ingangsetzung und Erweiterung des Geschäftsbetriebes
Hierbei handelt es sich um die Aufwendungen für Werbemaßnahmen für das neu entwickelte XY-Produkt sowie für den Ausbau des diesbezüglichen Vertriebsnetzes. Die Aufwendungen werden über einen Zeitraum von vier Jahren abgeschrieben.

Immaterielle Vermögengegenstände
Die immateriellen Vermögensgegenstände sind zu Anschaffungskosten vermindert um planmäßige Abschreibungen bewertet.

Sachanlagevermögen
Die Vermögensgegenstände des Sachanlagevermögens sind zu Anschaffungskosten vermindert um planmäßige Abschreibungen bewertet. Die planmäßigen Abschreibungen erfolgen degressiv nach Maßgabe der steuerlich zulässigen Höhe entsprechend der betriebsgewöhnlichen Nutzungsdauer, die auf der Grundlage der steuerlichen Afa-Tabellen geschätzt wurde. Auf die Zugänge des ersten Halbjahres ist die volle und auf die Zugänge des zweiten Halbjahres die halbe Jahresabschreibung verrechnet worden. Von der Bewertungsfreiheit für geringwertige Wirtschaftsgüter wird in vollem Umfang Gebrauch gemacht.

Finanzanlagen
In den Finanzanlagen ist die Beteiligung an der Z-GmbH bilanziert, an der die Gesellschaft mehr als 20% des Gesellschaftskapitals hält. Die Bewertung erfolgt zu den Anschaffungskosten.

Umlaufvermögen
Die Vermögensgegenstände des Vorratsvermögens werden zu Anschaffungs- bzw. Herstellungskosten unter Anwendung zulässiger Bewertungsvereinfachungsverfahren oder zu niedrigeren beizulegenden Werten angesetzt.
Die Herstellungskosten der unfertigen und fertigen Erzeugnisse enthalten die zurechenbaren Fertigungs- und Materialeinzelkosten sowie angemessene Anteile an den Gemeinkosten nach Maßgabe der steuerlichen Vorschriften.
Die Forderungen sind zu Nennwerten, die sonstigen Vermögensgegenstände zu Anschaffungskosten bewertet. Erkennbare Risiken werden durch angemessene Wertberichtigungen berücksichtigt.

Sonderposten mit Rücklageanteil
Unter dem Sonderposten sind Sonderabschreibungen auf das Anlagevermögen nach dem Fördergebietsgesetz ausgewiesen. Der Sonderposten wird entsprechend den Abschreibungen über die Nutzungsdauer des jeweiligen Vermögensgegenstandes aufgelöst.

Rückstellungen
Die Pensionsrückstellungen sind auf der Grundlage eines versicherungs-mathematischen Gutachtens unter Zugrundelegung eines Zinssatzes von 6% in Höhe des steuerlich zulässigen Teilwertes bewertet. Die übrigen Rückstellungen werden in Höhe des Betrages angesetzt, der nach vernünftiger kaufmännischer Beurteilung erforderlich ist.

Verbindlichkeiten
Die Verbindlichkeiten sind zum Rückzahlungsbetrag angesetzt worden.

Erläuterungen und ergänzende Angaben zur Bilanz und GuV

Anlagevermögen
Zur Entwicklung des Anlagevermögens wird auf den Anlagenspiegel verwiesen. Aus Vereinfachungsgründen wird im Anlagenspiegel für geringwertige Wirtschaftsgüter im Zugangsjahr gleichzeitig der Abgang im selben Jahr unterstellt.

Rückstellungen
Die sonstigen Rückstellungen sind im wesentlichen für Garantieverpflichtungen, Urlaubsansprüche, Tantiemen, Prozeßrisiken und fehlende Rechnungen gebildet worden.

Verbindlichkeiten
Die Restlaufzeiten der Verbindlichkeiten sind der nachfolgenden Aufstellung zu entnehmen.

Verbindlichkeitenspiegel (in TDM)

	1997				1996			
		< 1 Jahr	1-5 Jahre	> 5 Jahre		< 1 Jahr	1-5 Jahre	> 5 Jahre
1. Verbindlichkeiten gegenüber Kreditinstituten	17.547	5.547	6.650	5.350	9.473	5.723	3.750	0
2. Verbindlichkeiten aus Lieferungen und Leistungen	23.425	23.425	0	0	19.319	19.319	0	0
3. Verbindlichkeiten gegenüber verbundenen Unternehmen	11.513	4.513	5.000	2.000	6.961	4.961	2.000	0
4. sonstige Verbindlichkeiten	7.560	7.560	0	0	7.413	7.413	0	0
	60.045	41.045	11.650	7.350	43.166	37.416	5.750	0

Umsatzerlöse
Nach Sparten und Regionen lassen sich die Umsatzerlöse wie folgt aufteilen:

X-Sparte	69.502 TDM
Y-Sparte	35.207 TDM

Deutschland	49.401 TDM
Europa	21.310 TDM
Nordamerika	22.248 TDM
übriges Ausland	11.750 TDM

Sonstige finanzielle Verpflichtungen
Die sonstigen finanziellen Verpflichtungen resultieren aus langfristigen Miet- und Leasingverpflichtungen und belaufen sich zum Bilanzstichtag auf 1.531 TDM.

Sonstige Angaben

Vorstand und Aufsichtsrat
Mitglieder des Vorstandes im Geschäftsjahr waren ...
Dem Aufsichtsrat gehörten an ...
Die Gesamtbezüge des Vorstandes beliefen sich auf 3.350 TDM.
Die Vergütung für den Aufsichtsrat betrug insgesamt 52 TDM.

Vorschlag für die Ergebnisverwendung
Wir schlagen der Hauptversammlung vor, den Jahresfehlbetrag von 429 TDM auf neue Rechnung vorzutragen.

Berlin, den 25. März 1998

Der Vorstand

Bestätigungsvermerk

Der Jahresabschluß zum 31.12.1997 ist mit dem folgenden uneingeschränkten Bestätigungsvermerk versehen worden:

„Die Buchführung und der Jahresabschluß entsprechen nach unserer pflichtgemäßen Prüfung den gesetzlichen Vorschriften. Der Jahresabschluß vermittelt unter Beachtung der Grundsätze ordnungsmäßiger Buchführung ein den tatsächlichen Verhältnissen entsprechendes Bild der Vermögens-, Finanz- und Ertragslage der XY-AG. Der Lagebericht steht im Einklang mit dem Jahresabschluß."

Berlin, den 25. März 1998

Treu und Glauben GmbH
Wirtschaftsprüfungsgesellschaft

Treu   Glauben
Wirtschaftsprüfer   Wirtschaftsprüfer

Abb. 21 Anhang für das Geschäftsjahr 1997 der XY-AG

	kumulierte Anschaffungskosten (in TDM)				kumulierte Abschreibungen (in TDM)				Buchwert (in TDM)	
	01.01.	**Zugänge**	**Abgänge**	**31.12.**	**01.01.**	**Zugänge**	**Abgänge**	**31.12.**	**31.12.97**	**31.12.96**
Aufwendungen für die Ingangsetzung und Erweiterung des Geschäftsbetriebs	1.736	1.736	0	1.736	0	434	0	434	1.302	0
Anlagevermögen										
Immaterielle Vermögensgegenstände										
Konzessionen	8.909	536	0	9.445	3.998	2.310	0	6.308	3.137	4.911
Sachanlagen										
Grundstücke und Gebäude	23.735	0	0	23.735	9.330	811	0	10.141	13.594	14.405
Technische Anlagen und Maschinen	57.606	15.366	8.140	64.832	36.515	5.340	7.750	34.105	30.727	21.091
Andere Anlagen, Betriebs- und Geschäftsausstattung	8.370	537	324	8.583	2.310	1.230	295	3.245	5.338	6.060
	89.711	15.903	8.464	97.150	48.155	7.381	8.045	47.491	49.659	41.556
Finanzanlagen										
Anteile an verbundenen Unternehmen	4.123	0	0	0	0	0	0	0	4.123	4.123
	104.479	18.175	8.464	108.331	52.153	10.125	8.045	54.233	58.221	50.590

Abb. 22 Anlagenspiegel

Strukturbilanz

Ziel der Aufbereitung des Zahlenmaterials in der **Strukturbilanz** *(siehe Abb.23)* ist, auf der Seite des Aktivvermögens die Länge der Kapitalbindungsdauer herauszuarbeiten. Auf der Passivseite ist zum einen die Unterscheidung von Eigen- und Fremdkapital von Bedeutung. Zum anderen interessiert den Bilanzanalytiker, mit welcher verbleibenden Fristigkeit das Kapital dem Unternehmen noch zur Verfügung steht.

In diesem Sinne werden die Werte der **Aktiva** mit abnehmender Kapitalbindungsdauer aufbereitet. Das langfristige Vermögen ist dadurch definiert, daß der Zeitraum bis zur Freisetzung des in diesem Vermögen gebundenen Kapitals grundsätzlich bei mehr als einem Jahr liegt. Hierzu zählen grundsätzlich das Anlagevermögen und Vermögensgegenstände des Umlaufvermögens, von denen angenommen werden kann, daß sie länger als ein Jahr im Unternehmen verbleiben. Die Forderungen mit einer Restlaufzeit von mehr als einem Jahr sind in der Bilanz bzw. im Anhang ausdrücklich anzugeben.

	31.12.1997	31.12.1996
Langfristiges Vermögen		
Anlagevermögen	56.919	50.590
Kurzfristiges Vermögen		
Vorräte	29.479	22.568
Forderungen und sonstige Vermögensgegenstände, Rechnungsabgrenzungsposten	35.009	33.267
Wertpapiere und flüssige Mittel	327	1.750
	64.815	57.585
Bilanzsumme	121.734	108.175

→

	31.12.1997	31.12.1996
Eigenkapital	30.872	31.301
Kosten der Ingangsetzung	– 1.302	0
Sonderposten	1.414	1.768
wirtschaftliches Eigenkapital	30.984	33.069
Langfristiges Fremdkapital (>5 Jahre)		
Pensionsrückstellungen	15.734	15.328
Verbindlichkeiten gegenüber Kreditinstituten	5.350	0
Verbindlichkeiten gegenüber verbundenen Unternehmen	2.000	0
	23.084	15.328
Langfristiges Kapital	54.068	48.396
Mittelfristiges Fremdkapital (1–5 Jahre)		
Sonderposten mit Rücklageanteil (50%)	1.414	1.768
Verbindlichkeiten gegenüber Kreditinstituten	6.650	3.750
Verbindlichkeiten gegenüber verbundenen Unternehmen	5.000	2.000
	13.064	7.518
Kurzfristiges Fremdkapital		
Steuerrückstellungen	222	2.120
Sonstige Rückstellungen	13.335	12.725
Verbindlichkeiten gegenüber Kreditinstituten	5.547	5.723
Verbindlichkeiten aus Lieferungen und Leistungen	23.425	19.319
Verbindlichkeiten gegenüber verbundenen Unternehmen	4.513	4.961
Sonstige Verbindlichkeiten	7.560	7.413
	54.602	52.261
Bilanzsumme	121.734	108.175

Abb. 23 Strukturbilanz (in TDM)

Auch im Bereich des kurzfristigen Vermögens erfolgt die Aufbereitung nach Maßgabe einer abnehmenden Kapitalbindungsdauer. In den Vorratsbeständen ist das Kapital in der Regel länger gebunden als in den Forderungen. So müssen Roh-,

Hilfs- und Betriebsstoffe zunächst noch zu Fertigerzeugnissen verarbeitet werden, bevor eine Kapitalfreisetzung durch Verkauf erfolgen kann. Aber auch der Verkauf führt häufig zunächst zum Entstehen einer Kundenforderung. Erst mit dem Geldeingang ist das im Vorratsvermögen gebundene Kapital wieder freigesetzt. Die Wertpapiere des Umlaufvermögens können für Zwecke der Bilanzanalyse zusammen mit den liquiden Mitteln als jederzeit verfügbare Liquidität betrachtet werden.

Auf der Seite der **Passiva** wird für bilanzanalytische Zwecke in der Strukturbilanz das Eigenkapital in einer berichtigten Form dargestellt. Das bilanzielle Eigenkapital wird zum einen betragsmäßig ergänzt um 50% des Wertes des Sonderpostens mit Rücklageanteil. Wie in Kap. 3.1.2 erläutert, handelt es sich bei einem Sonderposten um unversteuerte Rücklagen, die nach Maßgabe des Ertragsteuerrechts gebildet werden dürfen und die zu einem künftigen Zeitpunkt aufgelöst und nachversteuert werden müssen. Für die Zwecke der Bilanzanalyse geht man vereinfachend davon aus, daß anläßlich der Auflösung des Sonderpostens eine Steuerbelastung von 50% des Bilanzwerts entsteht. In Höhe dieser latenten Steuerverbindlichkeit stellt der Sonderposten Fremdkapital dar.

Zum anderen wird das bilanzielle Eigenkapital saldiert mit dem Wert der aktivierten Aufwendungen für die Ingangsetzung und Erweiterung des Geschäftsbetriebes. Hierbei handelt es sich um eine Bilanzierungshilfe, die nicht einem Vermögensgegenstand gleichzusetzen ist *(vgl. Kap. 3.1.1)*. Das Eigenkapital sollte für eine betriebswirtschaftlich sinnvolle Analyse um diesen Wert bereinigt werden.

Darüber hinaus kann für bilanzanalytische Zwecke eine auszuschüttende Dividende, die im bilanziellen Eigenkapital noch im Bilanzgewinn enthalten ist, als kurzfristige Auszahlungsverpflichtung vom Eigenkapital in das kurzfristige Fremdkapital umgegliedert werden.

Das **Fremdkapital** wird in der Strukturbilanz untergliedert in langfristiges, mittelfristiges und kurzfristiges Fremdkapital. Für die Verbindlichkeiten sind die entsprechenden Teilbeträge mit den Restlaufzeiten von weniger als einem Jahr, von einem Jahr bis zu fünf Jahren sowie von mehr als fünf Jahren in der Bilanz bzw. im Anhang anzugeben. Bei den Rückstellungen geht man davon aus, daß die Pensionsrückstellungen langfristige Verpflichtungen darstellen, die übrigen Rückstellungen kurzfristiger Natur sind.

Bei der Ermittlung der nachfolgenden Kennzahlen werden die Zahlen aus der Strukturbilanz *(Abb. 23)* herangezogen.

5.3.1 Die Analyse der Vermögenslage

Im Rahmen der Analyse der Vermögenslage wird die Vermögensstruktur des betrachteten Unternehmens untersucht. In dem Zusammenhang interessiert die Zusammensetzung des bilanzierten Vermögens, die Investitionsbereitschaft des untersuchten Unternehmens sowie die Dauer, für die das eingesetzte Kapital bis zu seiner Wiederfreisetzung im Aktivvermögen gebunden ist.

Für die Analyse der Vermögensstruktur sollen die folgenden Kennzahlen herangezogen werden:

1. Anlagen- und Umlaufintensität,
2. Anlagenabnutzungsgrad,
3. Investitionsquote,
4. Wachstumsquote,
5. Umschlaghäufigkeit und Umschlagdauer der Vorräte,
6. Kundenziel.

1. Die Kennzahlen **Anlagenintensität** bzw. **Umlaufintensität** geben jeweils den Anteil des Anlagevermögens bzw. des Umlaufvermögens am Gesamtvermögen an.

	1997	**1996**
Anlagenintensität = $\frac{\text{Anlagevermögen}}{\text{Gesamtvermögen}} \times 100$	$\frac{56.919 \text{ TDM} \times 100}{121.734 \text{ TDM}} = 46{,}8\ \%$	$\frac{50.590 \text{ TDM} \times 100}{108.175 \text{ TDM}} = 46{,}8\ \%$
Umlaufintensität = $\frac{\text{Umlaufvermögen}}{\text{Gesamtvermögen}} \times 100$	$\frac{64.815 \text{ TDM} \times 100}{121.734 \text{ TDM}} = 53{,}2\ \%$	$\frac{57.585 \text{ TDM} \times 100}{108.175 \text{ TDM}} = 53{,}2\ \%$

Hinter der Analyse der Anlagenintensität verbirgt sich insbesondere die Frage nach der Flexibilität und Anpassungsfähigkeit eines Unternehmens. Ist ein Unternehmen anlagenintensiv, so ist das im Anlagevermögen investierte Kapital längerfristig gebunden. Die Kapitalfreisetzung erfolgt, wie in Kap. 3.1.1 erörtert, in der Regel über die verdienten Abschreibungen. Das Unternehmen ist risikoanfälliger im Hinblick auf eventuelle Beschäftigungsschwankungen. Auf kurzfristige Absatzeinbußen kann es in der Regel nicht durch entsprechende Anpassungsmaßnahmen reagieren. Bei nachhaltigen Umsatzrückgängen besteht bestenfalls die Möglichkeit, nicht mehr benötigte Teile des Anlagevermögens zu veräußern.

In unserem Fall ist eine relativ hohe Anlagenintensität von 46,8% festzustellen, mit einer geringen Veränderung zum Vorjahr.

Die Kennzahl Anlagenintensität kann durch verschiedene bilanzpolitische Maßnahmen und bilanzielle Ordnungsgrundsätze beeinflußt sein. Ein wesentlicher Gestaltungsspielraum ist in der Abschreibungspolitik zu sehen. Dies gilt sowohl für die Festlegung der Nutzungsdauer als auch der Abschreibungsmethode. Kürzere Nutzungsdauern führen ebenso zu niedrigeren Buchwerten wie die Wahl z.B. der degressiven Abschreibungsmethode. Darüber hinaus führen steuerliche Sonderabschreibungen zu geringeren Buchwerten, wenn diese aktivisch abgesetzt werden.

Der Verkauf einer Immobilie des Unternehmens im Rahmen einer Sale-and-lease-back-Maßnahme würde zu einer geringeren Anlagenintensität führen. Die finanzielle Bindung aus der Rückanmietung der Immobilie würde sich allerdings in der Höhe der sonstigen finanziellen Verpflichtungen ausdrücken, die im Anhang anzugeben sind.

2. Bei der Berechnung des **Anlagenabnutzungsgrades** werden die aufgelaufenen Abschreibungen zu den historischen Anschaffungs- bzw. Herstellungskosten ins Verhältnis gesetzt. Diese Informationen sind dem Anlagenspiegel zu entnehmen.

$$\textbf{Anlagenabnutzungsgrad} = \frac{\text{Kumulierte Abschreibungen Sachanlagen}}{\text{hist. AK/HK Sachanlagen}} \times 100$$

1997

$$\frac{47.491 \text{ TDM}}{97.150 \text{ TDM}} \times 100 = 48{,}9\ \%$$

1996

$$\frac{48.155 \text{ TDM}}{89.711 \text{ TDM}} \times 100 = 53{,}7\ \%$$

In unserem Fall ist das Anlagevermögen zu 48,9% abgeschrieben. Ein relativ hoher Anlagenabnutzungsgrad kann ein Hinweis dafür sein, daß das Anlagevermögen veraltet ist. Allerdings ist auch diese Kennzahl in ihrer Aussagefähigkeit durch die Abschreibungspolitik des bilanzierenden Unternehmens beeinflußt. Ein hoher Anlagenabnutzungsgrad kann auch Ergebnis einer progressiven Abschreibungspolitik sein, die zur Legung stiller Reserven geführt hat.

Um ein vollständigeres Bild zu erlangen, sollte der Anlagenabnutzungsgrad gleichzeitig mit den Kennzahlen „Investitionsquote“ und „Wachstumsquote“ betrachtet werden.

3. Die **Investitionsquote** ergibt sich aus dem Quotienten von Nettoinvestitionen zu den historischen Anschaffungs-/Herstellungskosten. Die Nettoinvestitionen wiederum entsprechen den Zugängen zum Anlagevermögen (15.903 TDM) abzüglich der Restbuchwerte der Abgänge aus dem Anlagevermögen (8.464 TDM minus 8.045 TDM = 419 TDM).

$$\textbf{Investitionsquote} = \frac{\text{Nettoinvestitionen}}{\text{hist. AK/HK zu Beginn des GJ}} \times 100$$

1997

$$\frac{15.484 \text{ TDM} \times 100}{89.711 \text{ TDM}} = 17{,}3\%$$

Die Quote gibt an, daß im abgelaufenen Geschäftsjahr 17,3% des vorhandenen Anlagevermögens angeschafft worden sind.

4. Setzt man die Nettoinvestitionen zu den Abschreibungen des Geschäftsjahres ins Verhältnis, erhält man die **Wachstumsquote.**

$$\textbf{Wachstumsquote} = \frac{\text{Nettoinvestitionen}}{\text{Jahresabschreibungen Sachanlagen}} \times 100$$

1997

$$\frac{15.484 \text{ TDM} \times 100}{7.381 \text{ TDM}} = 209{,}8\%$$

Unter der Annahme, daß die Abschreibungen eines Jahres annähernd der wirtschaftlichen Abnutzung entsprechen, ist eine Quote von 209% Ausdruck eines deutlichen Wachstums. Das Anlagevermögen ist nicht nur in Höhe seiner Abnutzung erneuert, sondern darüber hinaus sind zusätzliche Kapazitäten geschaffen worden. Die Wachstumsquote ist allerdings in ihrer Aussage ebenfalls durch die Abschreibungspolitik beeinflußt.

5. Zur Analyse der Kapitalbindungsdauer in den Vorräten eignen sich die Kennzahlen „Umschlaghäufigkeit" und „Umschlagdauer" der Vorräte.

Bei der Berechnung der **Umschlaghäufigkeit der Vorräte** werden die Umsatzerlöse eines Geschäftsjahres durch den durchschnittlichen Vorratsbestand (Durchschnitt aus dem Stichtagswert und dem Vorjahreswert) dividiert.

$$\textbf{Umschlaghäufigkeit der Vorräte} = \frac{\text{Umsatzerlöse}}{\text{durchschn. Vorratsbestand}}$$

1997

$$\frac{104.709\ \text{TDM}}{26.024\ \text{TDM}} = 4{,}0$$

1996

$$\frac{108.101\ \text{TDM}}{22.568\ \text{TDM}} = 4{,}8$$

Das Ergebnis von 4,0 in unserem Fall sagt aus, daß die Bestände rechnerisch im Jahr viermal umgeschlagen werden. Multipliziert man den Kehrwert der Umschlaghäufigkeit mit 360 Tagen, erhält man die **Umschlagdauer** der Vorräte, die in unserem Fall 89 Tage beträgt.

$$\textbf{Umschlagdauer der Vorräte} = \frac{\text{durchschn. Vorratsbestand} \times 360\ \text{Tage}}{\text{Umsatzerlöse}}$$

1997

$$\frac{26.024\ \text{TDM} \times 360\ \text{Tage}}{104.709\ \text{TDM}} = 89\ \text{Tage}$$

1996

$$\frac{22.568\ \text{TDM} \times 360\ \text{Tage}}{108.101\ \text{TDM}} = 75\ \text{Tage}$$

Dieser Wert sagt aus, daß rechnerisch die Vorratsbestände durch entsprechende Umsätze nach 89 Tagen verbraucht werden, und daß das in den Vorräten gebundene Kapital innerhalb dieses Zeitraumes wieder freigesetzt wird.

Grundsätzlich trifft die Aussage zu, daß eine möglichst hohe Umschlaghäufigkeit bzw. eine entsprechend niedrige Umschlagdauer vorteilhafter ist, da damit eine entsprechend schnellere Kapitalfreisetzung verbunden ist.

In unserem Fall muß festgestellt werden, daß eine Umschlaghäufigkeit von 4 bzw. eine Kapitalbindungsdauer von 89 Tagen als relativ hoch einzustufen ist, zumal die Werte sich gegenüber dem Vorjahr verschlechtert haben. Dies ist sowohl auf einen Rückgang der Umsätze als auch auf einen Anstieg der Vorratsbestände zurückzuführen. Das Unternehmen hat verstärkt auf Vorrat produziert, was in der GuV in dem Wert der Bestandserhöhung (5.929 TDM) zum Ausdruck kommt. Umsatzrückgänge bei gleichzeitiger Bestandserhöhung können ein Indiz für Absatzschwierigkeiten sein.

Die Aussagefähigkeit der Kennzahlen „Umschlaghäufigkeit" und „Umschlagdauer" der Vorräte ist aus mehreren Gründen eingeschränkt. Zum einen entsprechen sich (wie bereits erläutert) die Werte der Umsatzerlöse und der Vorräte, die einander gegenübergestellt werden, nicht vollständig. Die Vorratsbestände dürfen höchstens zu Anschaffungs- bzw. Herstellungskosten bewertet werden. In den Umsatzerlösen sind jedoch zusätzlich über die Anschaffungs-/Herstellungskosten hinausgehende Gewinnanteile enthalten. Würde man für die Zwecke der Kennzahlenermittlung die Werte der Vorratsbestände um Gewinnanteile erhöhen, um damit Zähler und Nenner des Quotienten gleichwertig zu machen, ergäbe sich eine noch geringere Umschlaghäufigkeit bzw. eine noch längere Kapitalbindungsdauer. Die Gewinnanteile lassen sich jedoch für den externen Bilanzanalytiker nicht erschließen.

Zum anderen bestehen im Bereich des Vorratsvermögens erhebliche bilanzpolitische Gestaltungsspielräume, was die Bewertung der Bestände angeht. So können die halbfertigen und fertigen Erzeugnisse sowohl zu Teilkosten als auch zu Vollkosten bewertet werden. Zwischen dem nach Handelsrecht zulässigen Mindestwert (Einzelkosten) und dem Höchstwert (Einzelkosten zuzüglich Material- und Fertigungsgemeinkosten sowie anteiliger Verwaltungsgemeinkosten) können erhebliche Wertunterschiede bestehen. Darüber hinaus können die Verbrauchsfolgeverfahren wie zum Beispiel Fifo und Lifo die Bewertung beeinflussen. Nicht zuletzt ist auch auf die Ermessensspielräume hinzuweisen, die der Bilanzierende bei der Beurteilung der erforderlichen Höhe von Wertabschlägen hat, um die Bestände auf den beizulegenden Wert abzuwerten (z.B. Gängigkeitsabschläge sowie Abwertungen nach Maßgabe einer verlustfreien Bewertung).

6. Ebenfalls vor dem Hintergrund der Kapitalbindungsdauer interessiert die Kennzahl **Kundenziel.**
Dabei wird der Wert der Kundenforderungen durch die Umsatzerlöse des abgelaufenen Jahres dividiert und das Ergebnis mit 360 Tagen multipliziert.

$$\textbf{Kundenziel} = \frac{\text{Forderungen aus Lieferungen und Leistungen} \times 360 \text{ Tage}}{\text{Umsatzerlöse}}$$

1997

$$\frac{25.867 \text{ TDM} \times 360 \text{ Tage}}{104.709 \text{ TDM}} = 89 \text{ Tage}$$

1996

$$\frac{24.377 \text{ TDM} \times 360 \text{ Tage}}{108.101 \text{ TDM}} = 81 \text{ Tage}$$

Analog der Umschlagdauer der Vorräte bedeutet ein Kundenziel von (zufällig ebenfalls) 89 Tagen, daß rechnerisch die Kunden erst nach Ablauf dieses Zeitraumes ihre Forderungen begleichen. In Hinblick auf die Kapitalbindungsdauer ist ein kürzeres Kundenziel positiver zu beurteilen als ein längeres Kundenziel. In unserem Fall erscheint eine Dauer von 89 Tagen überdurchschnittlich lang. Dies kann Indiz für eine schwierige Kundenstruktur sein, aber auch für ein unzureichendes Mahn- und Inkassowesen.

Bilanzpolitisch lassen sich die Wertansätze der Forderungen nur in einem begrenzten Maße beeinflussen. Ermessensspielräume bestehen bei der Beurteilung des Ausfallrisikos und der damit verbundenen erforderlichen Höhe von Wertberichtigungen.

Betrachten wir nunmehr die Umschlagdauer der Vorräte von 89 Tagen und das Kundenziel von ebenfalls 89 Tagen zusammen, gelangen wir zu einer weiteren Aussage. Geht man davon aus, daß die Erzeugnisse nach ihrer Verarbeitung und Fertigstellung üblicherweise auf Ziel verkauft werden, erhöht sich die Kapitalbindungsdauer in den Vorräten um den Wert des Kundenziels. Die Vorräte bleiben bis zur Verarbeitung und zur Veräußerung durchschnittlich 89 Tage im Unternehmen. Danach vergehen im Durchschnitt weitere 89 Tage bis zum Geldeingang des Verkaufserlöses. Die durchschnittliche Kapitalbindungsdauer in den Vorräten liegt mithin bei 178 Tagen.

5.3.2 Die Analyse der Finanzlage

Die Analyse der Finanzlage hat die Finanzierungsseite des Unternehmens zum Gegenstand. Dabei interessiert zum einen die Zusammensetzung des dem Unternehmen überlassenen Kapitals und dessen Fristigkeit (Analyse der vertikalen Kapitalstruktur) sowie zum anderen das Verhältnis von Vermögen und Kapital im Hinblick auf die künftige Zahlungsfähigkeit des bilanzierenden Unternehmens (Analyse der horizontalen Bilanzstruktur).

1. Analyse der vertikalen Kapitalstruktur

Hier ermitteln wir die **Eigenkapitalquote** und komplementär dazu die **Fremdkapitalquote** als den Anteil des Eigenkapitals respektive des Fremdkapitals am Gesamtkapital. Für die Berechnung wird zweckmäßigerweise, wie in der Strukturbilanz aufbereitet, das bilanzielle Eigenkapital einerseits ergänzt um den rechnerischen Eigenkapitalanteil des Sonderpostens mit Rücklageanteil. Andererseits saldieren wir die aktivierten Aufwendungen für die Ingangsetzung und Erweiterung des Geschäftsbetriebes mit dem bilanziellen Eigenkapital mit dem Argument, daß es sich hierbei nicht um einen Vermögensgegenstand handelt und insoweit auch kein Eigenkapital vorhanden ist.

$$\textbf{Eigenkapitalquote} = \frac{\text{wirtschaftliches Eigenkapital}}{\text{Gesamtkapital}} \times 100$$

1997

$$\frac{30.984 \text{ TDM} \times 100}{121.734 \text{ TDM}} = 25{,}5\%$$

1996

$$\frac{33.068 \text{ TDM} \times 100}{108.175 \text{ TDM}} = 30{,}6\%$$

$$\textbf{Fremdkapitalquote} = \frac{\text{Fremdkapital}}{\text{Gesamtkapital}} \times 100$$

1997

$$\frac{90.750 \text{ TDM} \times 100}{121.734 \text{ TDM}} = 74{,}5\%$$

1996

$$\frac{75.107 \text{ TDM} \times 100}{108.175 \text{ TDM}} = 69{,}4\%$$

Die Eigenkapitalquote beläuft sich in unserem Fall auf 25,5% mit einer entsprechenden Fremdkapitalquote von 74,5%. Die Eigenkapitalquote hat sich gegenüber dem Vorjahr deutlich um nahezu fünf Prozentpunkte verringert.

Die Frage nach einer angemessenen Eigenkapitalquote läßt sich nicht abschließend beantworten. Im Durchschnitt liegt die Eigenkapitalquote bei westdeutschen Unternehmen bei rund 18%. Empirische Untersuchungen sollen belegt haben, daß Unternehmen mit einer Eigenkapitalquote von mehr als 25% sich als relativ bestandsfest erwiesen haben.

Das Eigenkapital ist im Hinblick auf die Überlebensfähigkeit des Unternehmens aus mehreren Gründen von Vorteil. Soweit es nicht zur Ausschüttung bestimmt ist, steht es dem Unternehmen grundsätzlich ohne **zeitliche Begrenzung** zur Verfügung. Demgegenüber ist das Fremdkapital dem Unternehmen in der Regel nur für eine festgelegte Frist überlassen worden. Das gilt sowohl für die Lieferantenverbindlichkeiten, die innerhalb eines bestimmten Zahlungsziels zu begleichen sind, als auch für Darlehensverpflichtungen, die in der Regel mit vereinbarten Rückzahlungsfristen verbunden sind.

Für Darlehen ist darüber hinaus in der Regel eine feste **Vergütung** in Form von Zinsen zu zahlen und dies unabhängig von der Ertragssituation des Unternehmens. In Zeiten rückläufiger Erträge können gleichbleibend hohe Zinsen ein Unternehmen finanziell zunehmend belasten. Die Vergütung von Eigenkapital in Form von Gewinnausschüttungen hingegen unterbleibt zwangsläufig, sofern bei rückläufigen Erträgen keine Gewinne erwirtschaftet werden.

Darüber hinaus dient das Eigenkapital auch als **Verlustausgleichsreserve.** Eigenkapital verschafft dem Unternehmen mithin insoweit ein höheres Maß an Unabhängigkeit und Dispositionsfreiheit. In Zeiten von Verlusten hat ein Unternehmen mit einem höheren Eigenkapitalanteil grundsätzlich einen längeren Atem.

Aus **Renditegesichtspunkten** kann andererseits eine steigende Fremdkapitalquote Vorteile bieten, solange die Vergütung für das zusätzlich aufgenommene Fremdkapital geringer ist als die dadurch gewonnene Gesamtkapitalrendite. Diese als **Leverage-Effekt** bezeichnete Hebelwirkung läßt sich wie folgt erklären:

> Ein Unternehmen will zusätzliche Ertragspotentiale erschließen und benötigt zur Finanzierung des Wachstums zusätzliches von außen zugeführtes Kapital. Als Gesamtkapitalrendite bezeichnet man das Ergebnis vor Zinsen und Er-

tragsteuern bezogen auf das Gesamtkapital *(vgl. S. 129)*. Liegt die aus der Investition zu erwartende Gesamtkapitalrendite zum Beispiel bei 10%, der Darlehenszinssatz jedoch nur bei 7% , ist eine zusätzliche Darlehensaufnahme mit einer gleichzeitigen Steigerung der Eigenkapitalrendite verbunden, da nach Abzug der Zinsen zusätzliche Gewinne erzielt werden, das Eigenkapital jedoch unverändert geblieben ist.

2. Analyse der horizontalen Bilanzstruktur

Bei dieser Analyse wird versucht, eine Aussage über die künftige Zahlungsfähigkeit des betrachteten Unternehmens zu machen. Dabei wird die Kapitalbindungsdauer auf der Vermögensseite der Fristigkeit, mit der das Kapital auf der Passivseite dem Unternehmen überlassen worden ist, gegenübergestellt.

Das Aktivvermögen ist in Geldgegenwerten dargestellt, die grundsätzlich den künftigen Einzahlungen in der jeweiligen Höhe entsprechen müssen. Im Gegensatz dazu ist das Kapital auf der Passivseite künftigen Auszahlungen gleichzusetzen. Die Zahlungsfähigkeit eines Unternehmens ist nur gewährleistet, wenn im Zeitablauf die Einzahlungen den Auszahlungen vorgelagert sind. Das Vermögen muß mithin **fristenkongruent** finanziert sein, d.h. die Kapitalüberlassungsdauer muß mindestens der Dauer der Kapitalbindung entsprechen.

Für die Zwecke der Analyse der horizontalen Bilanzstruktur sind in der Strukturbilanz auf der Vermögensseite die Werte mit abnehmender Kapitalbindungsdauer aufbereitet worden. Auf der Passivseite ist das Kapital entsprechend seiner verbleibenden Überlassungsdauer strukturiert. Die Angaben zu den Restlaufzeiten der Verbindlichkeiten sind dem Anhang entnommen.

Für die Analyse der **Fristenkongruenz** werden üblicherweise die Kennzahlen der goldenen Finanzierungsregel, der goldenen Bilanzregel und der Anlagendeckung herangezogen.

Die **goldene Finanzierungsregel** setzt das langfristige Vermögen zum langfristigen Kapital ins Verhältnis. Eine fristenkongruente Finanzierung liegt vor, wenn das langfristige Vermögen ≤ dem langfristigen Kapital ist. Die **goldene Bilanzregel** fordert dementsprechend, daß das langfristige Kapital das Anlagevermögen übersteigt.

Goldene Finanzierungsregel (langfristig): $\frac{\text{Langfristiges Vermögen}}{\text{Langfristiges Kapital}}$

1997

$$\frac{56.919 \text{ TDM}}{54.068 \text{ TDM}} = 1{,}1$$

1996

$$\frac{50.590 \text{ TDM}}{48.396 \text{ TDM}} = 1{,}1$$

Goldene Bilanzregel: $\frac{\text{wirtschaftliches Eigenkapital + langfristiges Fremdkapital}}{\text{Anlagevermögen}}$

1997

$$\frac{54.068 \text{ TDM}}{56.919 \text{ TDM}} = 0{,}95$$

1996

$$\frac{48.396 \text{ TDM}}{50.590 \text{ TDM}} = 0{,}96$$

Ergänzend dazu wird die **Anlagendeckung** betrachtet, welche ausdrückt, inwieweit das Anlagevermögen allein durch Eigenkapital finanziert ist. Eine möglichst hohe Anlagendeckung ist insoweit von Vorteil, als die tatsächliche Kapitalbindungsdauer im Anlagevermögen nicht bekannt ist. Da das Eigenkapital grundsätzlich unbefristet zur Verfügung steht, ist durch eine hohe Anlagendeckung gewährleistet, daß insoweit das Unternehmen nicht mit Rückzahlungsverpflichtungen konfrontiert werden kann, bevor das Kapital nicht wieder freigesetzt worden ist.

Anlagendeckung: $\frac{\text{wirtschaftliches Eigenkapital}}{\text{Anlagevermögen}}$

1997

$$\frac{30.984 \text{ TDM}}{56.919 \text{ TDM}} = 0{,}5$$

1996

$$\frac{33.068 \text{ TDM}}{50.590 \text{ TDM}} = 0{,}7$$

Diese Kennzahlen können nur Indizien für eine fristenkongruente Finanzierung sein. Wie bereits erwähnt, ist die tatsächliche Kapitalbindungsdauer im Anlagevermögen nicht ermittelbar. Darüber hinaus sind auch diese Kennzahlen durch die Bewertungsspielräume auf der Vermögensseite beeinflußt. Weiterhin muß bedacht werden, daß auch im Umlaufvermögen Kapital langfristig gebunden sein kann. Zu denken ist hierbei z.B. an Vorratsbestände mit einer hohen Umschlagdauer und Forderungen mit einer längeren Laufzeit. Zudem ist zu berücksichtigen, daß andere Finanzierungspotentiale wie z.B. nicht ausgeschöpfte Kreditlinien sich in der Bilanz nicht niederschlagen.

Neben der Analyse der Fristenkongruenz, die Auskunft über die langfristige Zahlungsfähigkeit eines Unternehmens geben soll, wird mit Hilfe von **Liquiditätsregeln** versucht, Hinweise darauf zu bekommen, inwieweit das Unternehmen imstande ist, seinen **kurzfristigen Zahlungsverpflichtungen** nachzukommen. Die kurzfristigen Verbindlichkeiten in der Bilanz gelangen innerhalb eines Jahres zur Rückzahlung. Die Liquiditätskennzahlen geben an, inwieweit auf der Aktivseite kurzfristiges Vermögen vorhanden ist, aus dem heraus ausreichend Geld freigesetzt werden kann, um die kurzfristigen Verbindlichkeiten zu begleichen. Diese Kennzahlen werden in drei Abstufungen unter Einbeziehung von Anteilen des Umlaufvermögens mit zunehmender Kapitalbindungsdauer ermittelt.

Die **Liquidität ersten Grades** gibt an, inwieweit die am Bilanzstichtag vorhandenen liquiden Mittel ausreichen, die kurzfristigen Verbindlichkeiten zu begleichen:

$$\textbf{Liquidität ersten Grades} = \frac{\text{Liquide Mittel}}{\text{Kurzfristige Verbindlichkeiten}} \times 100$$

1997

$$\frac{327 \text{ TDM} \times 100}{54.602 \text{ TDM}} = 0{,}6\%$$

1996

$$\frac{1.750 \text{ TDM} \times 100}{52.261 \text{ TDM}} = 3{,}4\%$$

Bei der **Liquidität zweiten Grades** werden die Forderungen in die Betrachtung mit einbezogen:

$$\textbf{Liquidität zweiten Grades} = \frac{\text{Liquide Mittel + kurzfristige Forderungen}}{\text{kurzfristige Verbindlichkeiten}} \times 100$$

→

1997

$$\frac{35.336 \text{ TDM} \times 100}{54.602 \text{ TDM}} = 64{,}7\%$$

1996

$$\frac{35.017 \text{ TDM} \times 100}{52.261 \text{ TDM}} = 67{,}0\%$$

Die **Liquidität dritten Grades** bringt zum Ausdruck, ob das gesamte Umlaufvermögen unter Einbeziehung der Vorräte die kurzfristigen Verbindlichkeiten abdeckt:

Liquidität dritten Grades =

$$\frac{\text{Liquide Mittel + kurzfristige Forderungen + Vorräte}}{\text{Kurzfristige Verbindlichkeiten}} \times 100$$

1997

$$\frac{64.815 \text{ TDM} \times 100}{54.602 \text{ TDM}} = 118{,}7\%$$

1996

$$\frac{57.585 \text{ TDM} \times 100}{52.261 \text{ TDM}} = 110{,}2\%$$

In unserem Fall ist aufgrund der geringen liquiden Mittel zum Stichtag eine Liquidität ersten Grades so gut wie nicht vorhanden. Unter Einbeziehung der Forderungen sind die kurzfristigen Verbindlichkeiten zu 64,7% gedeckt (Liquidität zweiten Grades). Insgesamt übersteigt der Wert des Umlaufvermögens die kurzfristigen Zahlungsverpflichtungen um 18,7% (Liquidität dritten Grades).

Auch diese Betrachtung läßt die Finanzierungspotentiale aus den nicht ausgeschöpften Kreditlinien außer acht. Darüber hinaus ist ein Betrachtungszeitraum von einem Jahr noch immer relativ lang. Der Bilanz ist nicht zu entnehmen, zu welchem Zeitpunkt innerhalb des Folgejahres einerseits die Rückzahlungen zu leisten sind und andererseits die Geldrückflüsse aus dem Umlaufvermögen folgen werden. Weiterhin kann durch Veräußerung von Anlagevermögen kurzfristig Liquidität freigesetzt werden. Darüber hinaus werden die nach dem Stichtag entstehenden Auszahlungsverpflichtungen (z.B. Lohn- und Gehaltszahlungen, Mietzahlungen) und Einzahlungsansprüche bei der Beurteilung der kurzfristigen Zahlungsfähigkeit des Unternehmens mit Hilfe der Liquiditätskennziffern nicht berücksichtigt. Im übrigen können auch diese Kennzahlen durch bilanzpolitische Maßnahmen beeinflußt werden. So kann der Liquiditätsgrad durch Sachverhaltsgestaltung verändert werden, indem kurz vor dem Stichtag ein Darlehen aufgenommen wird (Window-dressing). Dadurch erhöhen sich sowohl die kurzfristigen Verbindlichkeiten als auch die liquiden Mittel um den Darlehensbetrag. Die Liquiditätskennzahl wird dadurch verbessert. Hätte unser Unternehmen zum Stichtag ein Darlehen in Höhe von 10.000 TDM aufgenommen, würde sich dadurch die Liquidität zweiten Grades auf 70,2% verbessern. Auch die Bewertungsspielräume, insbesondere im Bereich der Vorräte, machen die Grenzen der Aussagefähigkeit der Liquiditätskennzahlen deutlich. Es bleibt festzustellen, daß die künftige Zahlungsfähigkeit eines Unternehmens über die Analyse der horizontalen Bilanzstruktur nur tendenziell beurteilt werden kann.

Grundsätzlich ist festzuhalten, daß in einer Bilanz allein die am Aufstellungsstichtag vorhandenen Vermögensgegenstände und Schulden wiedergegeben werden. Veränderungen in den Beständen vor dem Stichtag und deren Ursachen sind der Bilanz im engeren Sinne ebensowenig zu entnehmen, wie Zugänge und Abgänge in der Folgezeit. Die reine **Stichtagsbetrachtung** ist ein wesentlicher Mangel einer Analyse mit Hilfe der Kennzahlen der Vermögens- und Kapitalstruktur sowie der horizontalen Bilanzstruktur.

Die Mängel einer statischen Stichtagsbetrachtung können zum Teil überwunden werden durch eine **Zeitraumbetrachtung** mit Hilfe einer Cash-flow-Analyse und deren Erweiterung um eine Kapitalflußrechnung sowie durch eine gezielte Untersuchung der Stromgrößen der Gewinn- und Verlustrechnung.

5.3.3 Die Cash-flow-Analyse

Wir haben in Kapitel 2.3 im Zusammenhang mit den allgemeinen Bewertungsgrundsätzen bereits erörtert, daß Aufwendungen und Erträge im Jahresabschluß unabhängig vom Zeitpunkt der entsprechenden Zahlungsvorgänge zu berücksichtigen sind. Die Erträge und Aufwendungen eines Geschäftsjahres, die in der GuV ausgewiesen werden, sind demnach nicht notwendigerweise mit Einzahlungen bzw. Auszahlungen in gleicher Höhe verbunden. Die entsprechenden Zahlungen können sowohl in der gleichen Periode oder in vorangegangenen Perioden erfolgt sein als auch erst in einer nachfolgenden Periode zum Tragen kommen.

So sind die Einzahlungen auf die Umsatzerlöse der abgelaufenen Periode(n) in Höhe der Kundenforderungen am Bilanzstichtag noch nicht erfolgt. Die in der abgelaufenen Periode erhaltenen Zahlungen auf Kundenforderungen der Vorjahresbilanz betrafen Umsatzerlöse vorangegangener Perioden.

Auf der Aufwandsseite stellen die Abschreibungen ein markantes Beispiel für das Auseinanderfallen von Auszahlungen und Aufwand dar. Erst über die verrechneten Abschreibungen werden die Auszahlungen für die Anschaffung eines Vermögensgegenstandes zu Aufwand der laufenden und der nachfolgenden Perioden. Aber auch laufende Aufwendungen wie z.B. der Materialaufwand führen erst zur Auszahlung mit der Begleichung der entsprechenden Lieferantenschuld.

Mit Hilfe der **Cash-flow-Analyse** wird versucht, die Zahlen der GuV um die zahlungs**un**wirksamen Aufwendungen und Erträge zu bereinigen. Cash-flow wird allgemein wie folgt definiert:

Jahresüberschuß bzw. Jahresfehlbetrag
– einzahlungs**un**wirksame Erträge
+ auszahlungs**un**wirksame Aufwendungen
= Cash-flow

Der Cash-flow gibt mithin den Zahlungsmittelüberschuß bzw. -fehlbetrag an, den das Unternehmen in der abgelaufenen Periode erzielt hat. In Höhe eines Cash-flow sind dem Unternehmen per Saldo aus dem erfolgswirksamen Bereich der laufenden Geschäftstätigkeit Geldmittel zu- bzw. abgeflossen. Cash-flow ist damit Ausdruck der **Innenfinanzierungskraft** des Unternehmens.

Für den externen Bilanzanalytiker stellt sich das Problem, daß der zahlungsunwirksame Anteil der Aufwendungen und der Erträge nur annähernd ermittelt und der Cash-flow daher nur als Näherungswert berechnet werden kann. Eine einfache Grundvariante des Cash-flow ist die Bereinigung des Jahresergebnisses um die Abschreibungen:

Jahresfehlbetrag	– 429 TDM
Abschreibungen	+ 10.125 TDM
= Cash-flow I	9.696 TDM

Allerdings ist selbst die Aussage, daß es sich bei den Abschreibungen um auszahlungsunwirksame Aufwendungen handelt, insoweit nicht haltbar, als die Abschreibungen auf die Anschaffungen des Geschäftsjahres bereits zu Auszahlungen geführt haben können.

Erweitert man die Grundvariante des Cash-flow um die Veränderungen der Pensionsrückstellungen und des Sonderpostens mit Rücklageanteil, erhält man einen Wert, der sich dem tatsächlichen Zahlungsüberschuß weiter annähert:

Jahresfehlbetrag	– 429 TDM
Abschreibungen	+ 10.125 TDM
Verringerung des Sonderpostens	– 707 TDM
Erhöhung der langfristigen Rückstellungen	+ 406 TDM
= Cash-flow II	9.395 TDM

Ein weiter differenzierendes Bild erhält man, wenn man die Cash-flow-Betrachtung um eine Kapitalflußrechnung erweitert.

5.3.4 Die Kapitalflußrechnung als Analyseinstrument

Die Cash-flow-Analyse ist auch in der erweiterten Form zur Darstellung einer liquiditätsorientierten Rechnung aus zwei Gründen unvollständig. Zum einen findet nach wie vor keine Berücksichtigung, daß weitere Bereinigungen um zahlungsunwirksame Aufwendungen und Erträge nicht erfolgen. Zum anderen fließen in die Betrachtung wesentliche liquiditätswirksame Vorgänge nicht mit ein, die dem Investitionsbereich und dem Finanzierungsbereich zuzurechnen sind.

Die **Kapitalflußrechnung** ist eine liquiditätsorientierte Rechnung, die die Zahlungsströme der abgelaufenen Periode weitgehend vollständig darstellt.

Grundlage der Kapitalflußrechnung ist zunächst eine **Beständedifferenzenbilanz** *(Abb. 24)*. Darin werden die Bestandswerte der Stichtagsbilanz und die entsprechenden Vorjahreswerte einander gegenübergestellt und die Veränderungen ermittelt.

	31.12.1997	31.12.1996	Differenz
Langfristiges Vermögen			
Anlagevermögen	56.919	50.590	**6.329**
Kurzfristiges Vermögen			
Vorräte	29.479	22.568	**6.911**
Forderungen und sonstige Vermögensgegenstände, Rechnungsabgrenzungsposten	35.009	33.267	**1.742**
Wertpapiere und flüssige Mittel	327	1.750	**– 1.423**
	64.815	57.585	**7.230**
Bilanzsumme	121.734	108.175	**13.559**
Eigenkapital	30.872	31.301	
Kosten der Ingangsetzung	– 1.302	0	
Sonderposten	1.414	1.768	
wirtschaftliches Eigenkapital	30.984	33.069	**– 2.085**
Langfristiges Fremdkapital (> 5 Jahre)			
Pensionsrückstellungen	15.734	15.328	**406**
Verbindlichkeiten gegenüber Kreditinstituten	5.350	0	**5.350**
Verbindlichkeiten gegenüber verbundenen Unternehmen	2.000	0	**2.000**
	23.084	15.328	**7.756**
Langfristiges Kapital	54.068	48.396	**5.672**
Mittelfristiges Fremdkapital (1–5 Jahre)			
Sonderposten mit Rücklageanteil (50%)	1.414	1.768	**– 354**
Verbindlichkeiten gegenüber Kreditinstituten	6.650	3.750	**2.900**
Verbindlichkeiten gegenüber verbundenen Unternehmen	5.000	2.000	**3.000**
	13.064	7.518	**5.546**
Kurzfristiges Fremdkapital			
Steuerrückstellungen	222	2.120	**– 1.898**
Sonstige Rückstellungen	13.335	12.725	**610**
Verbindlichkeiten gegenüber Kreditinstituten	5.547	5.723	**– 176**
Verbindlichkeiten aus Lieferungen und Leistungen	23.425	19.319	**4.106**
Verbindlichkeiten gegenüber verbundenen Unternehmen	4.513	4.961	**– 448**
Sonstige Verbindlichkeiten	7.560	7.413	**147**
	54.602	52.261	**2.341**
Bilanzsumme	121.734	108.175	**13.559**

Abb. 24 Beständedifferenzenbilanz (in TDM)

Die Veränderungswerte können wiederum zu einer **Bewegungsbilanz** *(Abb. 25)* zusammengefaßt werden, indem diese entweder als Herkunft finanzieller Mittel oder als deren Verwendung dargestellt werden.

Mittelverwendung	in TDM		Mittelherkunft
Erhöhung von Aktiva		**Erhöhung von Passiva**	
Anlagevermögen	6.329	Pensionsrückstellungen	406
Vorräte	6.911	kurzfristige Lieferantenverbindlichkeiten	4.106
Kundenforderungen	1.490	kurzfristige sonstige Verbindlichkeiten	147
Forderungen gegen verbundene Unternehmen	5	mittel- und langfristige Bankverbindlichkeiten	8.250
sonstige Vermögensgegenstände	247	mittel- und langfristige Verbindlichkeiten gegenüber verbundenen Unternehmen	5.000
Verringerung von Passiva		**Verringerung von Aktiva**	
Eigenkapital	2.085	flüssige Mittel	1.423
Sonderposten	354		
kurzfristige Rückstellungen	1.288		
kurzfristige Bankverbindlichkeiten	176		
kurzfristige Verbindlichkeiten gegenüber verbundenen Unternehmen	448		
	19.332		**19.332**

Abb. 25 Bewegungsbilanz

Unter **Mittelherkunft** fällt zum einen die Zunahme von Passiva, wie z.B. die Erhöhung von Bank- oder Lieferantenkrediten. Zum anderen ist aber auch die Verringerung von Aktiva in der Regel mit einem Mittelzufluß gleichzusetzen, da durch den Abbau von Forderungen oder durch den Verkauf von Vorräten die darin gebundenen finanziellen Mittel ebenso wieder freigesetzt werden wie über die Abschreibungen des Anlagevermögens.

Als **Mittelverwendung** kann einerseits die Zunahme von Aktiva betrachtet werden, da hierdurch zusätzliche finanzielle Mittel in den jeweiligen Vermögenswerten gebunden werden. Andererseits ist auch die Abnahme von Passiva mit einem Mittelabfluß verbunden (z.B. durch Gewinnausschüttungen oder durch Tilgung von Verbindlichkeiten).

Die Ergebnisse der Cash-flow-Rechnung und der Bewegungsbilanz können nunmehr zur Kapitalflußrechnung zusammengefaßt werden *(Abb. 26)*.

Jahresergebnis		– 429
Abschreibungen		10.125
Verringerung des Sonderpostens		– 707
Erhöhung der langfristigen Rückstellungen		406
Cash-flow		**9.395**
Erhöhung der kurzfristigen Lieferantenverbindlichkeiten	4.106	
Erhöhung der kurzfristigen sonstigen Verbindlichkeiten	147	
Mittelzufluß aus laufender Geschäftstätigkeit		**4.253**
		13.648
Erhöhung der Vorräte	– 6.911	
Erhöhung der Kundenforderungen	– 1.490	
Erhöhung der Forderungen gegen verbundene Unternehmen	– 5	
Erhöhung der sonstigen Vermögengegenstände	– 247	
Verringerung der kurzfristigen Rückstellungen	– 1.288	
Verringerung der kurzfristigen Bankverbindlichkeiten	– 176	
Verringerung der kurzfristigen Verbindlichkeiten gegenüber verbundenen Unternehmen	– 448	
Mittelabfluß aus laufender Geschäftstätigkeit		**– 10.565**
Saldo Mittelzufluß aus laufender Geschäftstätigkeit		**3.083**
Zugänge zum Anlagevermögen	– 18.175	
Abgänge aus dem Anlagevermögen (Restbuchwert)	419	
Mittelabfluß aus Investitionstätigkeit		**– 17.756**
Zugänge mittel- und langfristige Bankverbindlichkeiten	8.250	
Zugänge mittel- und langfristige Verbindlichkeiten gegenüber verbundenen Unternehmen	5.000	
Mittelzufluß aus Finanzierungstätigkeit		**13.250**
Veränderung des Finanzmittelbestands		**– 1.423**
Finanzmittelbestand zu Beginn des Geschäftsjahres		
Wertpapiere	325	
flüssige Mittel	1.425	
		1.750
Finanzmittelbestand zum Ende des Geschäftsjahres		
Wertpapiere	0	
flüssige Mittel	327	
		327
Veränderung des Finanzmittelbestandes		**– 1.423**

Abb. 26 Kapitalflußrechnung (in TDM)

Zunächst wird das Jahresergebnis bereinigt um die Abschreibungen und um die Veränderung des Sonderpostens und der Pensionsrückstellungen. Nach dieser Berechnung ist zunächst festzustellen, daß bei einem Verlust von 429 TDM das Unternehmen aus dem Cash-flow Liquidität in Höhe von 9.395 TDM generiert hat. Dann hat das Unternehmen sich zusätzlich Mittel durch die Erhöhung der kurzfristigen Lieferantenverbindlichkeiten und der sonstigen Verbindlichkeiten beschafft.

Andererseits ist durch die Erhöhung der Vorräte, der Kundenforderungen, der Forderungen gegenüber verbundenen Unternehmen und der sonstigen Vermögensgegenstände zusätzliches Kapital in diesen Vermögenswerten gebunden worden.

Weiterhin sind Mittel verwendet worden zur Verringerung kurzfristiger Rückstellungen, kurzfristiger Bankverbindlichkeiten und kurzfristiger Verbindlichkeiten gegenüber verbundenen Unternehmen.

Per Saldo hat das Unternehmen aus der laufenden Geschäftstätigkeit Liquidität in Höhe von 3.083 TDM gewonnen.

Im **investiven Bereich** hat das Unternehmen zusätzliches Kapital in Höhe von 17.756 TDM im Anlagevermögen gebunden. Die **Finanzierung** erfolgte zum Teil durch Aufnahme zusätzlicher mittel- und langfristiger Schulden bei Banken und verbundenen Unternehmen.

Der Saldo aus diesen Zahlungsströmen führte zu einer Abnahme des Finanzmittelbestandes um 1.423 TDM.

Die Kapitalflußrechnung zeigt mithin ein differenziertes Bild, aus welchen Quellen das Unternehmen Finanzmittel gewonnen hat, und welche Verwendung diese Mittel gefunden haben.

5.3.5 Die Analyse der Ertragslage

Eine wesentliche Komponente zur Beurteilung der wirtschaftlichen Lage eines Unternehmens ist eine Aussage über dessen Fähigkeit, Gewinne zu erwirtschaften. Grundlage der Analyse der Ertragslage ist das Zahlenwerk der Gewinn- und Verlustrechnung. Da es sich hierbei ebenfalls um vergangenheitsbezogene Informationen handelt, wird der in der Vergangenheit erzielte Unternehmenserfolg als Hinweis für die künftige Ertragskraft des Unternehmens herangezogen.

Die Analyse der Ertragslage auf der Grundlage des Zahlenwerks der GuV erfolgt zunächst mit Hilfe der Erfolgsspaltung, indem ordentliche und außerordentliche Erfolgsbeiträge herausgearbeitet werden. Außerdem interessiert die Aufwands- und Ertragsstruktur des Unternehmens. Darüber hinaus wird mit Hilfe von Rentabilitätskennziffern die Angemessenheit des erzielten Erfolgs im Verhältnis zum eingesetzten Kapital untersucht.

Im Rahmen der **Erfolgsspaltung** wird versucht, ordentliche und außerordentliche Erfolgsbeiträge des abgelaufenen Geschäftsjahres zu identifizieren. Bereits das handelsrechtliche Gliederungsschema der GuV trennt die Erfolgsbeiträge weitgehend zur Unterscheidung des ordentlichen Betriebserfolges, des Finanzerfolges und des außerordentlichen Erfolges. Der externe Bilanzanalytiker kann mit den ihm zur Verfügung stehenden Informationen eine weitergehende Unterscheidung vornehmen.

Ordentliche Erfolgsbeiträge sind diejenigen Aufwendungen und Erträge, die aus der eigentlichen Geschäftstätigkeit des Unternehmens resultieren. Zur Ermittlung des ordentlichen Betriebserfolges wird das handelsrechtliche Betriebsergebnis um weitere Elemente bereinigt *(s. Abb. 27)*. In unserem Fall werden zur Ermittlung der Gesamtleistung die in den aktivierten Eigenleistungen enthaltenen aktivierten Aufwendungen für die Ingangsetzung und Erweiterung des Geschäftsbetriebes eliminiert, da es sich hierbei nicht um einen ordentlichen, aus der laufenden Geschäftstätigkeit resultierenden positiven Erfolgsbeitrag handelt. Dementsprechend sind auch die hierauf vorgenommenen Abschreibungen aus dem Betriebsergebnis herauszurechnen. Gleiches gilt für Aufwendungen und Erträge aus der Veränderung eines Sonderpostens mit Rücklageanteil, der ausschließlich aus steuerlichen Gründen gebildet wird und nicht mit betriebswirtschaftlich relevanten Aufwendungen und Erträgen gleichzusetzen ist. Weiterhin sollten außerplanmäßige Abschreibungen auf das Anlagevermögen für die Ermittlung des ordentlichen Betriebserfolges ebenso eliminiert werden wie die Abschreibungen auf das Umlaufvermögen, soweit diese die üblichen Aufwendungen überschreiten *(Position 7 b des Gliederungsschemas)*.

	1997		1996	
Umsatzerlöse	104.709		108.101	
Bestandsänderung	5.929		105	
andere aktivierte Eigenleistungen	2.373		213	
aktivierte Kosten der Ingangsetzung	– 1.736			
Gesamtleistung	111.275		108.419	
Materialaufwand	– 58.322		– 54.426	
Rohertrag	52.953		53.993	
sonstige betriebliche Erträge	2.930		1.577	
Ertrag aus der Auflösung des Sonderpostens	– 707			
Personalaufwand	– 41.350		– 39.720	
Abschreibungen	– 10.125		– 7.290	
außerplanmäßige Abschreibungen				
Abschreibungen auf aktivierte Aufwendungen für die Ingangsetzung	434			
Umlaufvermögen soweit außergewöhnlich				
sonstige betriebliche Aufwendungen	– 5.701		– 5.901	
sonstige Steuern				
Ordentlicher Betriebserfolg		**– 1.566**		**2.659**
Finanzerfolg		– 872		– 616
außergewöhnlicher Erfolg				
außergewöhnliche Erträge				
außergewöhnliche Aufwendungen				
außerordentliches Ergebnis laut GuV				
Erträge aus Aktivierung der Aufwendungen für Ingangsetzung	1.736		0	
Ertrag aus der Auflösung des Sonderpostens	707		0	
Abschreibungen auf die aktivierte Aufwendung für die Ingangsetzung	– 434		0	
Umlaufvermögen soweit außergewöhnlich				
außerordentlicher Erfolg		**2.009**		**0**
Ertragsteuern		**0**		**– 827**
Jahresergebnis		**– 429**		**1.216**

Abb. 27 Erfolgsspaltung (in TDM)

In unserem Fall führen diese Bereinigungen zu dem Ergebnis, daß das Unternehmen einen ordentlichen Betriebsverlust von 1.566 TDM zu verzeichnen hat. Berücksichtigt man weiterhin das negative Finanzergebnis von 872 TDM, so hat das Unternehmen im Rahmen seiner laufenden Geschäftstätigkeit betriebswirtschaftlich bereinigt einen Verlust von 2.438 TDM erzielt. Dieser Verlust konnte nur durch die Aktivierung von Aufwendungen für die Ingangsetzung und Erweiterung des Geschäftsbetriebes (1.736 TDM) sowie durch den Ertrag aus der Auflösung des Sonderpostens (707 TDM) teilweise kompensiert werden. Diese Erträge sind zusammen mit den Abschreibungen auf die aktivierten Aufwendungen für die Ingangsetzung und Erweiterung des Geschäftsbetriebes als außerordentliche Erfolgsbeiträge herausgearbeitet worden.

Mit Hilfe der Kennzahlen zur Analyse der **Aufwands- und Ertragsstruktur** wird der Erfolgsbeitrag einzelner Aufwendungen und Erträge untersucht.

Aufwandsseitig interessiert insbesondere die Bedeutung des Materialaufwandes und des Personalaufwandes für den Erfolg des Unternehmens.

Die **Materialaufwandsquote** setzt den Materialaufwand zur Gesamtleistung ins Verhältnis. Die **Personalaufwandsquote** drückt entsprechend das Verhältnis des Personalaufwandes zur Gesamtleistung aus. Die Quoten werden auch als Materialintensität bzw. Personalintensität bezeichnet.

$$\textbf{Materialaufwandsquote} = \frac{\text{Materialaufwand}}{\text{Gesamtleistung}} \times 100$$

1997

$$\frac{58.322 \text{ TDM} \times 100}{111.275 \text{ TDM}} = 52{,}4\%$$

1996

$$\frac{54.426 \text{ TDM} \times 100}{108.419 \text{ TDM}} = 50{,}2\%$$

$$\textbf{Personalaufwandsquote} = \frac{\text{Personalaufwand}}{\text{Gesamtleistung}} \times 100$$

1997

$$\frac{41.350 \text{ TDM} \times 100}{111.275 \text{ TDM}} = 37{,}2\%$$

1996

$$\frac{39.720 \text{ TDM} \times 100}{108.419 \text{ TDM}} = 36{,}6\%$$

Eine Materialaufwandsquote von 52,4% erscheint für ein Unternehmen des verarbeitenden Gewerbes ebenso durchschnittlich wie eine Personalaufwandsquote von 37,2%. Der Anstieg der Quoten gegenüber dem Vorjahr deutet zunächst auf einen höheren Materialaufwand bzw. auf einen relativen Anstieg der Personalaufwendungen hin. Allerdings ist dabei zu berücksichtigen, daß in 1997 in der Gesamtleistung eine nicht unerhebliche Bestandserhöhung von 5.929 TDM enthalten ist, während im Vorjahr die Gesamtleistung im wesentlichen aus Umsatzerlösen bestand. Im Gegensatz zu den Umsatzerlösen sind in dem Wert der Bestandserhöhung keine Gewinnanteile enthalten. Die Gesamtleistung der beiden Geschäftsjahre ist damit wertmäßig nicht vollständig vergleichbar.

Die Material- bzw. Personalaufwandsquoten sollen Hinweise über die Fertigungstiefe liefern. Eine hohe Materialintensität kann auf eine niedrigere Fertigungstiefe hindeuten. Eine relativ hohe Personalintensität kann indessen Indiz für eine entsprechend hohe Fertigungstiefe sein. Grundsätzlich deutet eine hohe Personalintensität auf eine geringere Anpassungsflexibilität hin. Auf Absatzrückgänge kann ein personalintensives Unternehmen nur mit zeitlicher Verzögerung durch einen entsprechenden Personalabbau reagieren. Umgekehrt muß im Falle hoher Auftragseingänge, die mit den vorhandenen personellen Kapazitäten nicht bewältigt werden können, erst wieder Personal eingestellt und eingearbeitet werden. Der Rückgriff auf Zeitarbeitsfirmen kann solche Kapazitätsanpassungen erleichtern. Macht das bilanzierende Unternehmen verstärkt von Zeitarbeitsfirmen Gebrauch, führt dies im übrigen zu einer Verzerrung in der Aufwandsstruktur, da die diesbezüglichen Aufwendungen nicht im Personalaufwand, sondern als Fremdleistung im sonstigen betrieblichen Aufwand zu erfassen sind.

Für die Analyse der **Ertragsstruktur** besteht die Möglichkeit, die Abhängigkeit des Unternehmens von gewissen Sparten bzw. Regionen herauszuarbeiten. Kapitalgesellschaften sind verpflichtet, im Anhang die Umsatzerlöse nach Tätigkeitsbereichen sowie nach geographisch bestimmten Märkten aufzugliedern. Indem der Umsatz einer bestimmten Sparte zum Gesamtumsatz ins Verhältnis gesetzt wird, kann z.B. eine Spartenabhängigkeit festgestellt werden. Gleichermaßen kann eine Exportabhängigkeit berechnet werden, indem der Auslandsumsatz zum Gesamtumsatz in Relation gestellt wird.

Mit Hilfe der **Rentabilitätskennziffern** wird ermittelt, ob der erzielte Erfolg zum eingesetzten Kapital in einem angemessenen Verhältnis steht. Kapitalgeber stellen dem Unternehmen Geld in der Regel mit der Erwartung zur Verfügung, hierauf eine angemessene Vergütung zu erhalten, wobei sie aber zwischen verschiedenen

Investitionsalternativen entscheiden können. Grundsätzlich wird die Entscheidung zugunsten der Alternative ausfallen, die mit der höchsten Renditeerwartung verbunden ist. Allerdings ist dabei zu berücksichtigen, daß die Investitionsalternativen mit unterschiedlichen Risiken behaftet sind. Während eine Investition in öffentliche Wertpapieranleihen mit einem relativ geringen Risiko verbunden ist, kann eine Investition in ein Unternehmen zum vollständigen Verlust des eingesetzten Kapitals führen. Dementsprechend sind die Renditeerwartungen an unternehmerische Investitionen höher anzusetzen, um damit dem höheren Investitionsrisiko Rechnung zu tragen.
Die Vergütung für das Eigenkapital entspricht dem Gewinn. Für das Fremdkapital erfolgt die Vergütung in der Regel über Zinszahlungen, die aus Sicht des Unternehmens Aufwand darstellen.

Für die Berechnung der **Eigenkapitalrentabilität** wird der Erfolg definiert als Jahresüberschuß zuzüglich Ertragsteuern (Ergebnis vor Steuern), welcher zum Eigenkapital ins Verhältnis gesetzt wird. Bei Renditebetrachtungen werden die Ertragsteuern gewöhnlich aus dem Ergebnis eliminiert, da Vergleichsmaßstäbe, wie z.B. Renditen aus Wertpapieren, ebenfalls auf der Grundlage von Erträgen vor Steuern ermittelt werden.

$$\textbf{Eigenkapitalrentabilität} = \frac{\text{Jahresüberschuß + Ertragsteuern}}{\text{durchschn. Eigenkapital}} \times 100$$

1997

$$\frac{-429 \text{ TDM} \times 100}{32.026 \text{ TDM}} = -1{,}3\%$$

1996

$$\frac{2.043 \text{ TDM} \times 100}{33.068 \text{ TDM}} = 6{,}2\%$$

Für die Berechnung der **Gesamtkapitalrentabilität** werden die Zinsaufwendungen dem Ergebnis vor Steuern ebenfalls hinzugerechnet, da diese Vergütung für das Fremdkapital darstellen, welches wiederum Bestandteil des Gesamtkapitals ist.

$$\textbf{Gesamtkapitalrentabilität} = \frac{\text{Jahresüberschuß + Zinsen + Ertragsteuern}}{\text{durchschn. Gesamtkapital}} \times 100$$

1997

$$\frac{443 \text{ TDM} \times 100}{114.954 \text{ TDM}} = 0{,}4\%$$

1996

$$\frac{2.659 \text{ TDM} \times 100}{108.175 \text{ TDM}} = 2{,}5\%$$

Aufgrund der Verlustsituation im Geschäftsjahr 1997 verzeichnet die Gesellschaft eine negative Eigenkapitalrendite. Im Vorjahr betrug die Eigenkapitalrendite immerhin noch 6,2%. Die Gesamtkapitalrendite ist im abgelaufenen Geschäftsjahr geringfügig positiv, im Vorjahr lag sie bei 2,5%.

Bei der Analyse der Ertragslage mit Hilfe der Erfolgsspaltung, der Untersuchung der Aufwands- und Ertragsstruktur sowie über die Berechnung von Renditekennzahlen wird deutlich, daß die Betrachtung von nur einer Periode lediglich ein begrenztes Bild vermitteln kann. Zuverlässige Aussagen über die Fähigkeit des Unternehmens, nachhaltig Erträge zu erwirtschaften, können in der Regel nur durch eine Mehrperiodenbetrachtung gewonnen werden. Vor allem durch den Zeitvergleich gewinnt das Datenmaterial Aussagekraft, da erst dadurch Entwicklungstendenzen deutlicher erkennbar werden.

5.3.6 Die Bildung eines Gesamturteils

Mit den zuvor entwickelten Instrumenten zur Analyse des Jahresabschlusses in Form von Kennziffern und anderen Formen der Aufbereitung des Zahlenmaterials, wie z.B. der Kapitalflußrechnung und der Erfolgsspaltung, haben wir Teilaspekte zur Beurteilung der Vermögens-, Finanz- und Ertragslage eines Unternehmens erarbeitet. Ziel einer Analyse muß es jedoch sein, ein Gesamturteil über die wirtschaftliche Lage des Unternehmens zu gewinnen. Für die Erarbeitung eines solchen Gesamturteils sind in Literatur und Praxis verschiedene Systeme erarbeitet worden, die die zuvor dargelegten Kennzahlen systematisieren und zusammenfassen. Hierzu können unterschieden werden:

1. Traditionelle Kennzahlensysteme;
2. Scoring-Modelle;
3. statistische Verfahren der Bilanzanalyse.

1. **Traditionelle Kennzahlensysteme** fassen gewisse Kennzahlen zu einer Spitzenkennzahl zusammen. Als Beispiel erwähnen wir das sogenannte **ROI-System.** Der return on investment (ROI) entspricht grundsätzlich einer Gesamtkapitalrentabilität. Um zu dieser Kennzahl zu gelangen, wird eine Pyramide von zwei weiteren Kennzahlen aufgebaut, der Umsatzrentabilität und der Kapitalumschlaghäufigkeit. Eine Untersuchung des ROI interessiert vor dem Hintergrund des vorrangigen Ziels eines Unternehmens, im Verhältnis zum eingesetzten Kapital angemessene Gewinne zu erzielen. Anhand der Kennzahlen kann z.B. herausgearbeitet werden, inwieweit die Einflußgrößen der einzelnen Kennzahlen zu verändern sind, um eine gewünschte Rendi-

te zu erreichen. Ein vollständiges Bild der wirtschaftlichen Lage kann mit diesem Kennzahlensystem jedoch nicht erarbeitet werden.

2. Bei sogenannten **Scoring-Modellen** werden die Ergebnisse einzelner Kennzahlen gewichtet und damit ein Gesamtpunktwert ermittelt. Über die Punktwerte kann dann eine Reihung von untersuchten Unternehmen erfolgen. Problematisch hierbei ist, daß die Gewichtung einzelner Kennzahlen theoretisch nicht untermauert werden kann.

Als Beispiel eines Scoring-Modells stellen wir kurz das sogenannte Saarbrücker Modell dar, welches von Küting entwickelt worden ist. Ziel des Modells ist es, ein Urteil über die Ertragsstärke des untersuchten Unternehmens zu gewinnen. Das Modell arbeitet mit insgesamt vier Kennzahlen:

- Eigenkapitalquote
- Return on investment
- Cash-flow zu Umsatz
- Cash-flow zu Gesamtkapital

Die Ausprägungen dieser Kennzahlen werden in insgesamt sechs Intervalle eingeteilt und jedes Intervall mit einer Punktzahl von 0 bis 2,5 gewichtet (*s. Abb. 28*).

Intervalle und Punkte des Saarbrücker Modells								
EQ		ROI		CFU		CFK		Punkte
	≤ 0		≤ 0		≤ 0		≤ 0	0
> 0	≤ 20	> 0	≤ 3	> 0	≤ 5	> 0	≤ 8	0,5
> 20	≤ 28	> 3	≤ 5	> 5	≤ 9	> 8	≤ 12	1
> 28	≤ 38	> 5	≤ 8	> 9	≤ 12	> 12	**≤ 16**	**1,5**
> 38	≤ 50	> 8	≤ 10	> 12	≤ 17	> 16	≤ 23	2
> 50		> 10		> 17		> 23		2,5

Klassen der Ertragsstärke	
Gesamtscore (GS)	Urteil über die Ertragsstärke
8 < GS ≤ 10	außergewöhnlich hoch
6 < GS ≤ 8	überdurchschnittlich
4 < GS ≤ 6	durchschnittlich
2,5 < GS ≤ 4	unterdurchschnittlich
0 < GS ≤ 2,5	außergewöhnlich gering

Abb. 28 Klassen der Ertragsstärke nach Punkten und Intervallen des Saarbrücker Modells

Damit kann eine Gesamtpunktzahl von 10 erreicht werden. Die Ertragsstärke der Unternehmen wird wiederum in fünf Klassen eingeteilt. Im Fall der XY-AG erhalten wir folgende Kennziffernwerte:

				Punkte:
EQ (s. S. 112)			= 25,5%	1,0
ROI (s. S. 129)			= 0,4%	0,5
CFK	$\frac{9.395\ \text{TDM}}{104.709\ \text{TDM}}$	× 100	= 8,97%	1,0
CFK	$\frac{9.395\ \text{TDM}}{121.734\ \text{TDM}}$	× 100	= 7,72%	0,5
				3,0

Die XY-AG erreicht eine Gesamtpunktzahl von 3,0. Die Ertragsstärke der Gesellschaft ist damit unterdurchschnittlich.

3. Mit Hilfe **moderner Verfahren der Bilanzanalyse** wird versucht, anhand bestimmter Kennzahlen die Früherkennung insolvenzgefährdeter Unternehmen zu erreichen. Die Grundlage sind mathematisch-statistische Verfahren, die es mit hinreichender Wahrscheinlichkeit gestatten, gesunde von kranken Unternehmen zu trennen. Eines dieser Verfahren ist das System BP-14, welches unter der Federführung von Baetge an der Westfälischen Wilhelms-Universität in Münster entwickelt worden ist. Grundlage des Verfahrens ist die Auswertung einer großen Menge an Jahresabschlüssen von gesunden und kranken Unternehmen, von denen zwischenzeitlich bekannt war, ob sie später insolvent geworden sind. Anhand dieses Datenmaterials sind Kennzahlen entwickelt worden, die statistisch sich als hinreichend signifikant für die Früherkennung von Unternehmenskrisen erwiesen haben. Anhand dieser Kennzahlen wird ein sogenannter N-Wert ermittelt, dessen Ausprägung Hinweis geben soll auf den Grad der Bestandsgefährdung des untersuchten Unternehmens. Die Funktion zur Berechnung dieses Wertes ist nicht veröffentlicht. Die Analyse eines Jahresabschlusses mit Hilfe dieses Verfahrens ist nur in Zusammenarbeit mit den Urhebern dieses Verfahrens möglich.

Losgelöst von solchen Modellen und Verfahren wollen wir dennoch versuchen, die Ergebnisse der Analyse des Jahresabschlusses der XY-AG zu einem **Gesamturteil** zusammenzufassen:

Das Unternehmen verzeichnet im Jahre 1997 erhebliche Investitionen in technische Anlagen und Maschinen in Höhe von 15.900 TDM. Damit sind in dem Geschäftsjahr mehr als 17 % des vorhandenen Anlagevermögens erworben worden. Im Vergleich zu den Jahresabschreibungen verzeichnen wir ein Wachstum von 209 %. Der Kapitalflußrechnung ist zu entnehmen, daß die Finanzierung zu einem wesentlichen Teil über mittelfristige Bankkredite sowie mittelfristige Kredite von verbundenen Unternehmen erfolgte.

Die Ertragslage ist in 1997 angespannt. Der operative Verlust von 2.400 TDM konnte nur durch das Heranziehen der Bilanzierungshilfe einer Aktivierung der Aufwendungen für Ingangsetzung und Erweiterung des Geschäftsbetriebes in Höhe von 1.700 TDM teilweise kompensiert werden. Die Umsatzerlöse sind rückläufig (– 3.300 TDM = – 3%). Es wurde in erheblichem Maße auf Bestand produziert (Bestandserhöhung = 5.900 TDM). Dies kann Indiz für Absatzeinbußen sein. Die hohen Investitionen können aber auch auf eine grundsätzliche Umstrukturierung hindeuten, die mit der Erwartung verbunden ist, daß die entsprechenden Umsatzerlöse sich wieder einstellen werden und demzufolge damit begonnen wird, die hohen Bestände zu verkaufen.
Der Cash-flow ist mit 9.400 TDM immer noch deutlich positiv und Ausdruck einer guten Innenfinanzierungskraft.

Die Kapitalbindungsdauer in den Vorräten und Forderungen ist mit jeweils 89 Tagen überdurchschnittlich lang. Der Anstieg der Umschlagdauer der Vorräte ist auch auf den Umsatzrückgang zurückzuführen. Dies kann für die Einhaltung der kurzfristigen Zahlungsverpflichtungen problematisch sein. Die Liquidität 3. Grades ist allerdings noch positiv.

Die fristenkongruente Finanzierung des Anlagevermögens erscheint nur knapp gegeben. Das Anlagevermögen ist nur zu 95% durch Eigenkapital und langfristiges Fremdkapital finanziert. Die Unterdeckung beträgt 2.800 TDM. Allerdings stehen noch mittelfristige Fremdfinanzierungsmittel in Höhe von 11.600 TDM zur Verfügung.

Die Eigenkapitalquote ist mit 25% zufriedenstellend und liegt im Durchschnitt. Bilanzgewinn und Rücklagen betragen noch immer 22.900 TDM und stellen damit ein erhebliches Verlustausgleichspotential dar.

Literaturverzeichnis

Adler, Hans/Düring, Walther/Schmaltz, Kurt: Rechnungslegung und Prüfung der Unternehmen. Stuttgart 1995.

Baetge, Jörg: Bilanzanalyse. Düsseldorf 1998.

Beck'scher Bilanzkommentar. Handels- und Steuerrecht – §§ 238–449 HGB; bearbeitet von Wolfgang Dieter Budde u.a. München 1999.

Cönenberg, Adolf Gerhard: Jahresabschluß und Jahresabschlußanalyse. Landsberg am Lech 1997

Heinen, Edmund: Handelsbilanzen. Wiesbaden 1986.

Küting, Karlheinz/Weber, Claus-Peter: Die Bilanzanalyse. Stuttgart 1999.

Wirtschaftsprüfer-Handbuch 1996, Band I; bearbeitet von Wolfgang Dieter Budde u.a. Düsseldorf 1996.

Wöhe, Günter: Bilanzierung und Bilanzpolitik. München 1997.

Wöhe, Günter: Einführung in die allgemeine Betriebswirtschaftslehre. München 1996.

Stichwortverzeichnis

A

B, C

D, E